社区居民安全手册

北京城市系统工程研究中心
中国职业安全健康协会　　组织编写
北京社区安全科技促进会

化学工业出版社
·北京·

安全是人民幸福美满的关键，它直接影响我们的生活质量。

《社区居民安全手册》内容丰富翔实，图片丰富。全书分为居家燃气安全，居家消防安全，居家用电安全，交通安全，防盗、防抢和防骗，家庭食品安全，老年人居家安全，儿童居家安全，残疾人安全，自然灾害应急常识，家庭常用急救方法，家庭避险逃生计划等12章。内容涉及人们生活的各个方面，是一本实实在在的居民安全宝典。

《社区居民安全手册》不仅内容丰富多彩，而且文字通俗易懂，更有丰富的图片。《社区居民安全手册》适合各阶层、各年龄段的读者阅读，同时此书也是您馈赠亲朋好友的上佳礼品。

安全重于泰山，人民生活不可缺！让我们共同开启这本《社区居民安全手册》，将我们的生活安排得更高尚、更合理、更安全、更健康。让我们在《社区居民安全手册》一书指导下，共享幸福生活，共度美好人生。

图书在版编目（CIP）数据

社区居民安全手册/北京城市系统工程研究中心，中国职业安全健康协会，北京社区安全科技促进会组织编写. —北京：化学工业出版社，2016.5（2021.7重印）

ISBN 978-7-122-26694-1

Ⅰ.①社… Ⅱ.①北… ②中… ③北… Ⅲ.①社区安全-中国-手册 Ⅳ.①D669.3-62

中国版本图书馆CIP数据核字（2016）第070729号

责任编辑：高　震　杜进祥　　　　装帧设计：史利平
责任校对：王　静

出版发行：化学工业出版社（北京市东城区青年湖南街13号　邮政编码100011）
印　　装：北京瑞禾彩色印刷有限公司
850mm×1168mm　1/32　印张5　字数77千字
2021年7月北京第1版第2次印刷

购书咨询：010-64518888　　　　　　售后服务：010-64518899
网　　址：http://www.cip.com.cn
凡购买本书，如有缺损质量问题，本社销售中心负责调换。

定　　价：30.00元　　　　　　　　　版权所有　违者必究

《社区居民安全手册》编写单位名单

北京城市系统工程研究中心

中国职业安全健康协会

北京社区安全科技促进会

《社区居民安全手册》编写委员会

主　任: 王　立

委　员: 王　立　朱　伟　陈文涛　欧阳梅

《社区居民安全手册》编写人员

主　编: 时艳琴

副 主 编: 马英楠　葛世友

编写人员: 马　勇　张秋洁　白　鑫　赵鹏霞

高　星　刘　岩　李东方　王素琴

前言

安全和每个社会成员的生活息息相关，无论是自然灾害还是人因伤害都会给人们的生活带来巨大的影响。近年来，各种自然灾害频繁发生，给人们的生产、生活造成了重大的损失；缺乏安全常识、心存侥幸、疏忽大意等导致的消防安全、交通安全、燃气安全、食品安全等事故也给人民带来痛苦，给社会造成不良影响。面对这些形形色色的安全问题，亟需提高居民的安全意识，掌握防灾减灾的知识与技能，这是预防伤害、减少损失的重要手段。

为进一步将世界卫生组织倡导的安全社区理念落实到我国的安全社区建设，贯彻落实十八大精神，加强和创新社会管理，强化公共安全体系建设，我们组织了各方面专家精心编制了《社区居民安全手册》，旨在为广大的居民提供一个了解、学习安全知识的便利途径，提升居民的防灾减灾能力，提高居民的安全健康水平，真正实现创建安全社区，构建和谐、小康社会的目标。

建设安全社区要坚持预防为主、综合治理的原则。安全工作要做到"防患于未然"。实践证明，只要对日常生活的危险隐患加强防范，掌握基本的防灾减灾技能，就可以有效预防灾害的发生，大大减小灾害造成的破坏和损失。

《社区居民安全手册》的特点是针对性、实用性、可操作性强、言简意赅、图文并茂。本手册以家庭为中心，围绕着居家生活中常见的燃气安全、交通安全、用电安全、食品安全等问题，提供了必要的安全常识和具体做法，以便社区居民在阅读的过程中掌握事故及灾害的应对方法和技能。同时本书还针对弱势群体的安全问题，开辟了老年人安全、儿童安全、残疾人安全专栏，对特殊群体采取了特别关注和更全面的保护。在自然灾害部分，着重介绍了各种灾害天气下的预警信号和应对措施。全书内容精练，行之有效，为广大居民在各种灾害天气下的生活、出行提供重要参考。本手册是社区居民平安生活的宝典。

一本好书可以教育人、引导人、启发人，我们编写的《社区居民安全手册》，虽然内容有限，但是只要大家认真阅读，掌握其中的方法和要领，相信它一定会发挥意想不到的作用，保卫您和家人的安全，为您的家庭撑起一把幸福的保护伞。

在本书的编写过程中，我们得到了北京市东直门街道的大力支持，在此表示衷心的感谢。

本书编委会

2016年1月

目 录
CONTENTS

第一章

居家燃气安全

　　燃气的使用便利了人们的生活，但燃气具有易燃、易爆、易中毒等特性。燃气的安全使用问题越来越突出。为了让居民更好地掌握安全使用燃气的相关技能，本章详细讲解如何选购与安装燃气器具、如何安全使用燃气器具以及如何检查与处理燃气泄漏。

第一节　如何选购燃气器具

（1）要了解家中使用的是天然气、液化石油气还是人工煤气，然后根据燃气器具包装上的标注选择与气源种类和地区相适合的类型。

（2）在选购燃气灶具或燃气热水器时，一是要查看外包装是否贴有所在地区燃气管理机构核发的"合格"标志，二是要查验该产品是否列入最新的适配性检验合格产品目录中。

（3）一定要选用带熄灭保护装置的燃气灶具，国家从2009年开始明令禁止生产和销售无熄灭保护装置的燃气灶具和热水器。

（4）燃气灶具、热水器使用年限最多为8年。应及时更换过期的老旧燃气灶具和热水器。

第二节　如何安装燃气器具

（1）燃气灶具、热水器的安装、维修要由经过资格认定的专业人员操作。

（2）燃气热水器要安装在通风良好的地方，严禁装在浴室和厕所内。

（3）在安装嵌入灶台的燃气灶具时，灶台下的橱柜必须留有通气孔。不准私装和改装燃气设施，不能把燃气的气源阀改装到橱柜内。

（4）燃气灶具和墙壁之间应当隔开一定距离，并且中间应当采取有效的防火隔热措施，防止燃气灶具着火引燃墙壁。

（5）连接燃气器具的软管不能穿墙和门窗，长度不能超过2米，两端必须用卡箍紧固。软管若老化或破损应立即更换，并应定期更换软管。推荐外形美观、安全、长寿命的燃气金属软管。

（6）不能在燃气管道上挂放物品。

（7）开放式厨房必须安装燃气报警器。

第三节　如何安全使用燃气灶

（1）打开燃气灶具后，要调节火焰和风门大小，使燃烧火焰呈蓝色锥体，且火焰稳定。

酱油忘买了，要赶紧买回来才好。

（2）在使用燃气灶具时，要注意保持通风。人不要远离现场，以免因沸汤溢出扑灭或其他原因导致火焰熄灭，造成燃气泄漏。

（3）燃气使用完毕后，要关闭燃气灶具开关，一定要确认火焰处于完全熄灭状态。

（4）燃气灶具上方和周围不要摆放易燃物品。

（5）家中多日无人或长期外出，一定要关闭燃气表前阀门。

第四节　如何安全使用瓶装液化石油气

（1）气罐必须在检验期内。

（2）气罐一定要保持直立，严禁倾斜或倒置使用。

（3）气罐内如果有残留液化石油气，不能擅自处理或倾倒。

（4）要经常检查减压阀上密封圈的磨损状况，一旦发现老化或脱落的情况应立即更换减压阀。

（5）定期检查胶管使用情况，出现老化、龟裂或破损应当及时更换，胶管一般使用年限为2年。

（6）胶管、减压阀、灶具连接的部位应使用不锈钢夹固定。

（7）灶具和气罐要保持一定距离。

（8）使用燃气时，人不要远离现场，不使用时要将所有阀门关闭。

第五节　如何安全使用燃气热水器

（1）燃气热水器严禁安装在浴室内。禁止使用直排式燃气热水器，烟道式和强排式热水器未安装烟道的不得使用。

（2）当热水器出现火焰发黄、冒烟、有刺激性气味、着火、爆

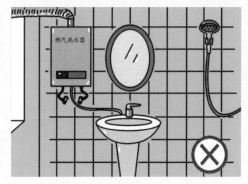

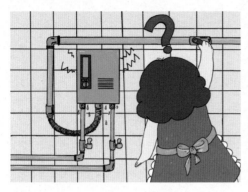

燃、漏水、漏气、噪声、振动、"空烧"（关水后主燃烧器仍在燃烧）等异常现象时，应立即停止使用，且关闭燃气阀、电源和水阀，并拨打燃气公司报修电话。

（3）每半年或一年要请专业人员检查，进行有针对性的维护保养。

第六节　怎样判断燃气泄漏和如何处理

（1）当闻到臭鸡蛋味、汽油味、油漆味等时，应当意识到可能是燃气泄漏。

（2）立即关闭燃具开关，灶前阀门及燃气表前阀门。

（3）打开门窗，让空气流通。

（4）严禁触动室内任何电气开关，严禁在现场拨打电话及使用明火和一切可能产生火花的设备。

（5）迅速疏散家人和邻居。

（6）电话报警。一定要在远离燃气泄漏的地方（如室外）向燃气公司客服中心报险。燃气公司客服中心电话应贴在家里明显位置，并要牢记。

如果您的家里存在以下情况，请立即进行整改。

自查项目	自查内容	是	否
燃气灶	燃气灶灶台下的橱柜没有通气孔		
	燃气的气源阀在橱柜内		
	燃气灶紧贴墙壁		
	软管出现老化、龟裂		
	燃气管道上挂放物品		
	连接燃气灶的软管与灶面距离小于10厘米		
	燃气灶上方和周围摆放易燃物品		

续表

自查项目	自查内容	是	否
瓶装液化石油气	气罐超过检验期		
	气罐处于倾斜、倒置状态		
	减压阀与气罐角阀连接处的密封圈老化、破损		
	胶管出现老化、龟裂		
	胶管使用超过2年		
	胶管贴近炉口		
	胶管长度超过2米		
	胶管、减压阀、灶具连接的部位未使用不锈钢夹固定		
	灶具和气罐净距离小于0.5米，且中间没有有效隔离措施		
燃气热水器	使用直排式热水器		
	燃气热水器安装在浴室和厕所内		
	强排式热水器未安装烟管		
	燃气热水器超期使用		

第二章

居家消防安全

　　家庭生活离不开用火、用电、用气、用油，而用火不慎、电气故障、燃气泄漏、食用油过热等均可引发火灾，给居民生命财产造成伤害。本章详细讲解日常生活中如何预防火灾，以及一旦发生火灾如何有效应对等，并且介绍消防安全相关的知识和技能。

第一节　如何预防火灾

1. 控制可燃物

从卧室、到书房、到客厅、再到厨房，放眼望去什么东西不能着火？卧室里的窗帘、床单、被罩、衣柜以及木地板，书房内的书柜、书桌和电脑，客厅里的茶几、沙发、饭桌、酒柜、电视机，厨房中的粮、油、气以及橱柜，可以说几乎什么都能着火，区别只是点燃时间。这么多的可燃物如何做好家庭防火？

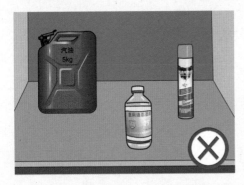

（1）减少数量。除了生活必需品，有些东西尽可能少量储存，如燃气、食用油、粮食等。不能在家中存放超过0.5升的汽油、酒精、香蕉水、溶剂等挥发性的易燃易爆物品。

（2）归类有序。对于家庭中的可燃物，按照其可燃性进行归类，对于那些燃点低的可燃物，要尽可能远离火源。

（3）减少使用可燃材料装修。房屋内部隔间、地板，厨房的墙壁、天花板、灶台，均应使用不燃性或经阻燃处理的难燃材料。

2. 清除点火源

（1）慎用明火。一方面养成良好的吸烟习惯，不卧床或倒在沙发上吸烟，避免烟灰洒落在易燃物上引发火灾。同时，慎重处理烟蒂，

确保熄灭且不乱扔，丢弃前尽可能放置水中熄灭；另一方面，对于照明、做饭使用的明火一定要有人看管，不能因侥幸心理使其离开视线。

（2）安全用电。离开家时应切断各种电源，回到家中应科学用电。其中，科学用电首先，控制用电数量，避免各种电器同时运行，尤其是在一个插线线路上过载运行；其次，定期检查电器性能，避免电器短路或故障引发火灾；最后，注意散热，电器运行会产生热量，热量积累到一定程度也可引发火灾。

（3）严格用气。不论是管道燃气还是灌装煤气要定期进行防泄漏检测，长时间不用一定要关闭总阀门。

第二节　如何应对火灾

一旦火灾发生，必须采取紧急措施有效应对。这些有效措施包括：报警、灭火和逃生。但如何选择哪种措施需视所处位置和火势发展状态灵活选择。

遇到火灾应报警并逃生。贪恋财务、固守待援，有时会导致人们错失最佳逃生时机，造成重大人员伤亡。因此，应对火灾要灵活。

起火点在你身边，且刚刚起火，此时应立即灭火，如不能灭火则逃生同时报警；起火点在你身边，但发现时火势较大难以控制，此时立即逃生，同时报警；起火点不在身边，知晓火灾时不了解火势情况，此时边报警边逃生。结合上述原则，以下讲解各应对措施的具体实施方法。

一、报告火警

报火警包括两类，一类是通过拨打119火警电话向公安现役消防队报警；另一类是，在条件允许的情况下，逃生同时还应向发生火灾的建筑内其他人员报警。这种报警方式可以采取呼喊、敲击脸盆等所有现场可以使用的告警手段。

《消防法》规定：任何人发现火灾都应当立即报警。任何单位、个人都应当无偿为报警提供便利，不得阻拦报警。严禁谎报火警。

正确拨打119报警电话

拨通"119"电话后，应再确认一遍是不是"119"。一旦确认，请立即说清楚失火地址（地址越详细越好，如果

该起火点在当地有俗称最好也报告清楚）。与此同时，简要说明起火物质主要是什么，当前火势发展情况如何。如果是楼房，还需说明该建筑共几层，着火楼层在几楼。便于消防车出动时选择好灭火剂和灭火救援车辆。电话挂断后，应派人在路口迎候消防车。

二、初起火灾扑救

扑救火灾首选是专业消防设施器材。为此，住宅建设时，尤其是高层住宅楼按规定审核验收增加了建筑消防设施建设项目，如消火栓、灭火器等。这些设施由物业部门负责管理和维修，居民日常生活不得破坏。其次，鼓励居民家中配置干粉灭火器或二氧化碳灭火器。家中电器较多，所以不得使用水型灭火器，以防触电。如果不是电气火灾，家中自来水丰富，锅碗瓢盆等取水装置也多，可以配置与电器和油脂类火灾相匹配的干粉或二氧化碳灭火器。

（一）不同类型火灾灭火方法

（1）若是桌椅板凳、沙发床铺着火，直接取水灭火。

（2）若是电脑、电视、插线板、充电器等电器的火灾，先断电，之后首选灭火器灭火；如果没有没灭火器，在断电情况下也可以用水直接浇灭或用湿毛巾打灭（一定是断电状态）。

（3）若是油锅起火，首先关气阀，如果火势不大，可以将准备好的菜倒入锅里，也可盖住锅盖，使用窒息法灭火；但如果火势较大，需借助灭火器灭火。若油已经烧尽，引起其他家具着火，可以取水灭火；若油已经流淌，可打湿棉被盖住，窒息灭火，不得使用水灭火。

（二）灭火器

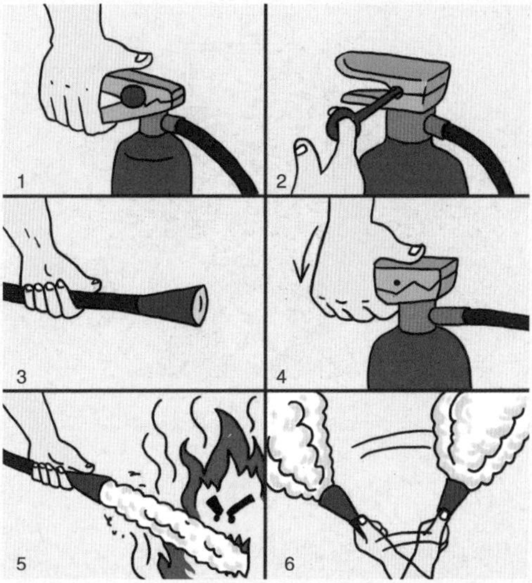

（1）提往火场。用手握住灭火器提把，平稳、快捷地提往火场。

（2）5米拔销。在距离燃烧物5米左右的地方，拔出保险销。人应站在上风方向。

（3）握住喷管。用一只手握住喷管，将灭火器喷嘴对准火源根部。手应握在胶质喷管处，以防冻伤。

（4）开启压把。用另一只手按下压把。不要将灭火器的盖与底对着人，以免弹出伤人。

（5）根部喷射。对准火焰根部，左右摇摆喷射。喷射时由外向内，由近而远。

三、疏散逃生

（一）创造逃生条件

（1）熟悉环境，暗记出口。每到一处务必留心安全出口、楼梯方位及疏散通道等，当发生突发事件时便于尽快逃离现场。

（2）通道、出口保持畅通。保持居室过道、楼梯通道畅通，严禁在通道和安全出口处堆积杂物，严禁擅自安装铁门封堵通道和安全出口。包括自家外墙门窗也不建议安装铁栅栏，为了防盗可以安装可拆卸防盗窗。小区内私家车停放不得占用消防通道，否则消防队救援也是难以靠近的。

（二）掌握逃生技巧

（1）明辨方向、迅速撤离。突遇火灾，面对浓烟和烈火，首先要迅速判断危险地点和安全地点，决定逃生的办法，尽快撤离险地。千万不要盲目地跟从人流、相互拥挤、乱冲乱窜。要尽量往楼层下面跑，若通道已被烟火封阻，则应向烟火相反方向离开，通过阳台、气窗、天台等往室外逃生或呼叫援救。

（2）不贪财物、不入险地。不要因顾及贵重物品，而把逃生时间浪费在寻找贵重物品上。已经逃离险境的人员，切莫重返火场寻找财物。

（3）善用通道、莫入电梯。发生火灾时，要根据情况选择进入相对较为安全的楼梯通道。切忌乘电梯。火灾发生时会切断电源，电梯将

停止；并且电梯不具备防高温性能，当遇到高温时，电梯轿厢容易失控甚至变形卡住，导致人员被困。

安全小贴士

编制家庭防火应急预案

· 清楚家庭一切可逃生的出口，如门、窗、阳台等。

· 让家庭成员了解门锁结构和如何开窗户。

· 绘制一张住宅平面图，标明门窗位置、逃生路线和逃生后家庭成员的集合点。

· 把住宅平面图和逃生规则贴在明显的位置。至少半年进行一次演习。

（4）湿巾防护、蒙鼻匍匐。逃生时经过充满烟雾的路线，要防止烟雾中毒、预防窒息。为了防止火场浓烟呛入，

可使用湿毛巾、口罩蒙鼻，匍匐撤离。烟气较空气轻而飘于上部，贴近地面撤离是避免烟气吸入、滤去毒气的最佳方法。穿过烟火封锁区，应佩戴防毒面具、头盔、阻燃隔热服等护具，如果没有这些护具，那么可向头部、身上浇冷水或用湿毛巾、湿棉被、湿毯子等将头、身裹好，再冲出去。

（5）建立避难场所、固守待援。假如用手摸房门已感到烫手，此时一旦开门，火焰与浓烟势必迎面扑来。逃生通道被切断且短时间内无人救援。这时候，可采取建立避难场所、固守待援的办法。首先应关紧迎火的门窗，打开背火的门窗，用湿毛巾或湿布塞堵门缝或用水浸湿棉被蒙上门窗然后不停用水淋湿房间，防止烟火渗入，固守在房内，直到救援人员到达。

（6）发出信号、寻求援助。被烟火围

困暂时无法逃离的人员，应尽量待在阳台、窗口等易于被人发现和能避免烟火近身的地方。在窗口、阳台或屋顶处向外大声呼救，敲击金属物品或投掷软质物品，白天挥动鲜艳布条，夜间挥动手电或白布，引起救援人员注意。

温 馨 提 示

身上着了火，不可惊跑或用手拍打，应赶紧脱掉衣服或就地打滚，压灭火苗；能及时跳进水中或向身上浇水、喷灭火剂就更有效了。

（三）其他可以掌握的火场逃生实用方法

（1）绳索自救法。可以将绳索一端固定在门、窗框等牢固的位置。顺绳爬下，注意手脚并用，并采用手套、毛巾等保护手部。

（2）被单拧结法。把床单、被罩或窗帘等撕成条，扎紧扎实并拧成麻花状，连接起来可当成绳索使用。

（3）逆风疏散法。根据风向来确定疏散方向，向火场上风处逃离，躲避火焰和烟气。

（4）楼梯转移法。当火势蔓延将楼梯封死时，可通过天窗迅速爬到屋顶转移到另一人家或另一单元的楼梯疏散。

火场自救九诀

第一诀，熟悉环境，临危不乱。

第二诀，扑灭小火，险而无灾。

第三诀，撤离险地，不贪财物。

第四诀，保持镇定，辨明方向。

第五诀，简易防护，匍匐撤离。

第六诀，选择通道，慎入电梯。

第七诀，缓降逃生，滑绳自救。

第八诀，避入房内，固守待援。

第九诀，巧示信号，寻求援助。

如果您的家里存在以下情况，请立即整改。

自查项目	自查内容	是	否
环境	抽油烟机通风管道有大量油脂		
	房屋内部隔间、地板，厨房的墙壁、天花板、灶台，均未使用不燃性或经阻燃处理的难燃材料建造		
	家中存放超过0.5升的汽油、酒精、香蕉水、溶剂等挥发性的易燃易爆物品		
	居室过道、楼梯堆积杂物		
	家中没有灭火器		
行为	一旦发生火灾，不知道如何正确拨打119火警电话报火警		
	一旦发生火灾，不知道如何逃生		
	有卧床吸烟的习惯		
	炉灶周围堆放有木柴、煤炭、纸箱及塑料制品等可燃物品		
	孩子可以拿到火柴、打火机等		
	电器起火，不知道如何扑救		
	油锅着火，不知道如何扑救		

第三章

居家用电安全

　　电器在生活中越来越普及，掌握安全用电常识对每个人至关重要。本章详细讲解室内如何安全使用电器、室外如何预防电气灾害事故以及应对电器起火的方法。

第一节　室内如何安全用电

1. 保险（即熔断器）与配线

（1）电表后应装有总刀闸和漏电保护开关。

（2）严禁使用铜、铁丝代替保险丝。保险丝的熔断电流一定要与用电容量匹配。更换保险丝时要拔下瓷盒盖更换，不得直接在瓷盒内搭接保险丝；不得在带电情况下（未拉开刀闸）更换保险丝。

（3）烧断保险丝或漏电开关保护动作后，必须查明原因才能再合上开关电源。任何情况下不得用导线将保险短接或者压住漏电开关跳闸机构强行送电。

（4）严禁私拉乱接临时电线，需要接临时电线时，须经有关部门同意，由专业人员安装，并应采取橡皮绝缘电线，离地面不低于2.5米，用后及时拆除。

（5）家庭配线中间最好没有接头。必须有接头时应接触牢固并用绝缘胶布缠绕，或者用瓷接线盒。严禁用医用胶布代替电工胶布包扎接头。

（6）导线与开关、灯头等的连接应牢固可靠，接触良好。多胶软铜线接头应拧绞合后再放到接头螺钉垫片下，防止细股线散开碰到另一接头上造成短路。

（7）家庭配线不得直接敷设在易燃的建筑材料上面，如需在木料上布线必须使用瓷珠或瓷夹子；穿越木板必须使用瓷套管。不得使用易燃塑料和其他的易燃材料作为装饰用料。

（8）接地（接零）线规格应不小于相导线（火线），在接地线上不得装开关，也不得有接头。接地线不得接在自来水管上；不得接在煤气管上；不得接在电话线的地线上；不得接在避雷线的引下线上。

（9）所有的开关都必须有盖。胶木盖板老化、残缺不全的必须更换。脏污受潮的必须停电擦抹干净后才能使用。

（10）电源线不要拖放在地面上，以防电源线绊人，并防止损坏绝缘。

2. 家用电器

（1）应选用合格的家用电器，不能购买和使用假冒伪劣产品。

（2）电动机、吹风机、电风扇等金属外壳

的用电器具，应按要求做好接地零保护。

（3）当家用配电设备不能满足家用电器容量要求时，应予更换改造，严禁超负荷使用。否则超负荷运行会损坏电气设备，还可能引起电气火灾。

（4）带有电动机类的家用电器，例如电冰箱、电风扇等，还应了解耐热水平，是否允许长时间连续运行。要注意家用电器的散热条件。

（5）接装用电设备或安装、修理电器，应找有资质的单位和人员施工；安装家用电器前应查看产品说明书对安装环境的要求，特别注意在可能的条件下，不要把家用电器安装在湿热、灰尘多或有易燃、易爆、腐蚀性气体的环境中。

（6）家用电器试用前应对照说明书，将所有开关、按钮都置于原始停机位置，然后按说明书要求的开停操作顺序操作。

（7）移动家用电器时一定要切断电源，以防触电。

（8）不得随意将单相三极插头改为单相两极插头。

（9）用电器具与电源连接，应用可开断的开关或插头，禁止将导线直接插入插座孔。

（10）使用电器时，应先插电源插头，后打开电器开关，用后应先关闭掉开关，后拔电源插头。插、拔插头时应用手握住插头绝缘体，不能拉住导线使劲拔。

（11）发热电器必须远离易燃物料。电炉子，取暖炉、电熨斗等发热电器不得直接放置在木板上，以免引起火灾。

（12）对经常使用的家用电器，应保持其干燥和清洁，不要用汽油、酒精、肥皂水、去污粉等带腐蚀或导电的液体擦抹家用电器表面。

（13）家用电器损坏后要请专业人员或送修理店修理；严禁非专业人员在带电情况下打开家用电器外壳。

（14）严禁使用小规格电线连接大功率的电器。

（15）严禁用湿手、湿布擦抹带电的开关、插座和灯头等。

（16）电器使用完毕后或停电时应拔掉电源插头。

（17）电器线路老化后，要及时更换。

（18）禁止私自安装电炉、热得快等。

第二节　室外如何预防电气灾害事故

（1）雷雨天不可靠近高压电杆、铁塔、避雷针的接地线和接地体周围。

（2）不能在电线上晒衣服、挂东西，也不能将晒衣服架搁在电线上。

（3）不能在电加热设备附近烘烤衣物。

（4）发现电线断落地上，不可直接用手碰触。特别是高压导电线断落地上时，应远离10米以外，通知供电部门，由专业人员处理。

（5）教育儿童不能玩弄电线、灯头、开关、电动机等用电设备，不能到电动机和变压器附近玩耍，不能爬电线杆或摇晃电线杆拉线，不许用

石头或弹弓等打电线、瓷瓶上的鸟。

（6）不得在架空电线和配电变压器附近放风筝。

（7）不得在电杆和拉线附近进行挖土、放炮、崩土等游戏，以防崩伤、崩断电线。

触电急救常识

迅速切断电源，也可用干燥的木或用带有绝缘柄的工具将电线切断。如无上述条件而必须用手解救时，救护者必须站在干燥的绝缘体（如干燥的木板）上，用一只手拉住触电者非贴身的干燥衣服使其脱离电源。

使触电者就地躺平，解开裤带、轻拍肩部，如触电者伤势较重，呼吸、心跳已停止，应使其平躺，清除口内异物，施行口对口人工呼吸和胸外心脏按压，送医院途中不要中断急救措施。

第三节　电器起火应急常识

（1）立即切断电源开关、拔掉电源插头或用绝缘工具拨开电源线，可用毛毯、棉被等物品扑灭火焰。

（2）电源尚未切断或无法切断时，应该使用不导电的灭火剂灭火，不能用水或泡沫灭火剂灭火，否则扑救人员随时都有触电危险；更不能把水浇到电器用具或开关上。如果电器用具或插头仍在着火，切勿用手触及电器用具的开关。

（3）火势无法控制时，要尽快拨打119报警电话求助。

如果您的家里存在以下情况，请立即进行整改。

自查内容	是	否
未安装"漏电保护器"		
电源线、配电线、开关、插头、插座等有破损或老化现象		
有电源延长线从地毯下面穿过		
接地线接在水管、煤气管和电话线上		
使用小规格电线连接大功率的电器		
单相三极插头改为单相两极插头		
线路上同时有过多的电器，例如照明灯具、立体声音响、电取暖器等		
电视机周围没有留出足够空间（如果电视机温度过高，也会成为一个火灾隐患）		

第四章

交通安全

　　随着我国交通的飞速发展，交通事故日益频繁。无论是走路，还是骑车、驾车或者乘坐公共交通工具，都需要掌握必要的交通安全常识。本章详细介绍各类交通安全常识，以及遇到突发交通事故时应如何应对。

第一节　行人安全常识

（1）横穿马路要走人行横道、过街天桥或地下通道。

（2）没有过街天桥或地下通道，横穿马路时，行人应走在人行道内，并注意观察来车方向的车辆，确认安全后直行通过。

（3）要按照交通信号灯的指示通行，不闯红灯。

（4）不得翻越护栏。

（5）城市干道上宜在出租车停靠站打车、下车。

（6）不进入标有"禁止行人通行"、"危险"等标志的地方。

（7）不得在道路上使用滑板、旱冰鞋等滑行工具。

（8）不得在车行道内坐卧、停留、嬉闹、追逐。

（9）不得有追车、抛物击车等妨碍道路交通安全的行为。

乘车安全常识

乘车规则常牢记，切莫麻痹又大意。

翻越车窗易出事，依次上下讲秩序。

头手伸出车窗外，伤身伤体蛮厉害。

易燃易爆危险物，严禁上车保幸福。

车窗向外扔东西，伤害别人又害己。

无牌无照车莫坐，自己受害自己错。

超载行车无保障，司乘人员要爱民。

第二节 自行车骑车安全

（1）骑自行车不准双手离把，攀扶其他车辆或手中持物。

（2）骑自行车不准扶身并行、互相追逐或曲折竞驶。

（3）骑车至路口，应主动让机动车先行。遇红灯停止信号时，应停在停止线或人行横道线以内。严禁用推行或绕行的方法闯越红灯。

（4）在非机动车车道内顺序行驶，严禁驶入机动车道。在没有划分非机动车道和机动车道的道路上行驶，应尽量靠右边行驶，不能骑车在道路中间，不要数车并行。不得逆向行驶。

（5）骑自行车超越前车时，不得妨碍被超自行车的行驶。

（6）骑自行车通过陡坡、横穿四条以上机动车道以及中途车闸失灵时，须下车推行。下车前须伸手上下摆动示意，不准妨碍后面车辆行驶。

（7）骑自行车转弯前须减速慢行，向后瞭望，伸手示意。左转弯时伸出左手示意；同时要选择前后暂无来往车辆时转弯，切不可在机动车驶近时急转猛拐，争道抢行；也不要弯小转。

（8）自行车载物，高度从地面起不准超过1.5米，宽度左右各不准超过车把0.15米，长度前端不准超过车轮，后端不准超出车身0.3米。

自行车骑车安全口诀

骑车不占他人道　　各行其道保安全

路口遵守停止线　　文明礼貌待放行

转弯前伸手示意　　突然猛拐危险多

横过道路要推行　　确认安全再通过

路口直行车优先　　拥堵路口莫抢行

骑车攀扶机动车　危及生命在瞬间

骑车集中注意力　不戴耳机上路行

扶身并行易摔倒　追逐竞驶危害大

单手扶把易失控　双手撒把最危险

遵章守法保安全　未满十二不驾车

珍爱生命要自重　醉酒骑车会丧命

第三节　骑电动车安全常识

（1）每次使用电动自行车之前，应检查轮胎气压是否充足，车把转向是否可靠，刹车是否灵敏有效，电池箱的插座、插头是否松动、电池箱是否锁好。

（2）电动自行车应在自行车道行驶。

（3）在骑行稳定后再启动电动机。

（4）加速完成后立即将手把推回。

（5）在凹凸不平或陡峭的路面行驶，请下车推行。

（6）电动自行车的设计载重为100千克，请勿超载。

（7）请避免电动自行车直接日晒和雨淋。

（8）电动自行车的座位高度以骑行者两脚可以到地为准。遇紧急故障时（如刹车失灵），应设法迅速下车，并将车辆放倒。

（9）骑电动车最好佩戴安全头盔，在车尾处粘贴反光片。

第四节　乘飞机安全常识

1. 登机时禁止携带和托运的物品

登机时禁止携带和交运的物品包括枪支、弹药、军械、警棍，管制刀具，易燃、易爆、有毒、腐蚀性、放射性物品；国家规定的其他禁运物品。

2. 机舱内禁止行为

机舱内禁止以下行为：在机舱内吸烟；抢占座位、行李舱架；打架、酗酒、寻衅滋事；盗窃、故意损坏或者擅自移动救生物品和设备；危及飞行安全和扰乱飞机内秩序的其他行为。

3. 乘机险情应急常识

（1）竖直座椅靠背，系好安全带，屈身向前，脸贴在垫有枕头之类柔软物的双膝上，两臂抱住大腿，使身体处于最低水平位，以减少因惯性而造成的损伤。

（2）迅速将随身携带的钥匙等锋利、坚硬物品及义齿、牙托、眼镜等放在前排座椅的口袋内，避免损伤人体。

（3）保持镇静，听从机组人员指挥。如飞机密封增压舱突然释压，乘客头顶上的氧气面罩会自动脱落，应立即吸氧。

（4）若舱内失火，不可向前或向后拥挤，应尽量蹲下，使身体处于较低位置，屏住呼吸或用湿毛巾堵住口鼻，有秩序地迅速撤离失火区。

（5）飞机紧急下降时，应坐在座椅上戴上氧气面罩。

（6）飞机落地后，应按机组人员引导的方向紧急撤离，并迅速远离飞机。

第五节　乘船安全常识

1. 乘船注意事项

（1）不要乘坐缺乏救护设施、无证经营的小船，也不要冒险乘坐超载的船只或者"三无"船只（没有船名、没有船籍港、没有船舶证书）。

（2）《国内水路运输管理规定》水路旅客运输业务经营者应当拒绝携带国家规定的危险物品及其他禁止携带的物品的旅客乘船。船舶开航后发现旅客随船携带有危险物品及其他禁止携带的物品的，应当妥善处理，旅客应当予以配合。

（3）上下船时，必须等船靠稳，待工作人员安置好上下船的跳板后方可行动；上下船不要拥挤，不随意攀爬船杆，不跨越船挡，以免发生意外落水事故。

（4）上船后，要仔细阅读紧急疏散示意图，了解存放救生衣的位置，熟悉穿戴程序和方法，留意观察和识别安全出口处，以便在出现意外时掌握自救主动权。同时按船票所规定的舱位或地点休息和存放行李，行李不要乱放，尤其不能放在阻塞通道和靠近水源的地方。

（5）妥善保管好自己携带的物品，以免丢失或者被盗。

（6）爱护船上的广播系统、应急装置、消防救生设备等，严禁随意开关、挪动、搬用以上设施。

（7）客船航行时不要在船上嬉闹，不要紧靠船边摄影，也不要站在甲板边缘向下看波浪，以防眩晕或失足落水；观景时切莫一窝蜂地拥向船的一侧，以防船体倾斜，发生意外。

（8）到指定的吸烟点吸烟。

（9）禁止进入旅客止步区。

2. 乘船险情应急安全常识

（1）保持镇静，听从船上工作人员的指挥。

（2）迅速穿好救生衣或套上救生圈，或以船上其他能漂浮的物体作为救生用具，并注意保持体温。

（3）船已翻沉，不要挤作一团，应分散撤离船只，游向岸边、岛上或其他救生物。

（4）注意勿喝海水，努力寻找淡水源，以补充人体需要。

（5）应设法寻找、捕捉鱼、海鸟蛋、海龟等海洋中能充饥的食物。

第六节　驾驶机动车交通安全常识

（1）严格遵守《道路交通管理条例》及有关交通安全管理的规章规则。严禁酒后驾车。

（2）坚持出车前，行车中，收车后的"一日三检"制度，确保每天的行车安全。

（3）车辆起步前应在上车前进行检查。上车后系好安全带，并进一步观察，确认安全后再起步；起步发现后方超越车辆较多时，应沿原方向缓行，再逐步驶入车道。

（4）车辆行驶中，道路条件不能保证足够的横向安全间距时，应降低车速通行。

（5）借道行驶的车辆驶回原车道时，应看清道路上其他车辆行驶情况，开启转向灯，确认安全后驶回原车道。

（6）会车前应选择合理的行驶位置，当预测会车位置不理想时，要立即减速缓行或停车，不要犹豫不决，更不能抢行和强行。

（7）车辆通过视线不良的弯道时，应减速、鸣喇叭、靠右行驶；通过急转弯时，必须降速，在四级道路的弯路上沿外侧缓慢行驶。

（8）车辆进入环岛路口应逆时针方向行驶；通过立体交叉路口，应按路口前的指示标志行驶。

（9）车辆高速行驶中，遇后车跟车很近时，开右转向灯让后车先行。

（10）车辆掉头，应选择道路较宽，交通流量较小的地方；在容易发生危险的道路不准掉头。

（11）在一般下坡道上临时停车时，应使发动机熄火，拉紧驻车制动器手柄，将变速杆挂入倒挡。

机动车驾驶员不得有下列行为

无证驾车、酒后驾车、驾驶不合格车辆、疲劳驾驶、超速行驶、未保持车距、逆向行驶、未按规定超车、违反交通信号或指挥、违规装载、违规穿插、驾车时使用手机、观看电视。

驾驶机动车要做到六个"严禁"

严禁酒后驾车

严禁超速驾车

严禁疲劳驾驶

严禁无证驾驶

严禁无牌车辆上路行驶

严禁车辆乱停乱放

第七节 机动车事故应急常识

（1）立即停车。停车后开启危险报警闪光灯，并在车辆后方设置危险警告标志。

（2）及时报案。拨打110报案，告知事故发生的时间、地点及伤亡情况；如伤者需要急救时，拨打120求助；车辆起火时，拨打119求助；拨打交警电话122报警。

喂，120急救中心吗？我是……

（3）保护现场。车

辆、人员遗留的痕迹、散落物等不能随意挪动；抢救伤者应在其原始位置做好标记；设置警戒线，保护好现场。

（4）抢救伤者或财务。确认伤情后，应尽最大努力抢救伤者；现场物品和伤者的钱财应妥善保管，防止盗抢。

（5）防火防爆。车辆载有危险物品，应报告消防人员，采取防范措施，消除火警隐患。

（6）协助现场调查取证。必须如实向交警陈述事发经过，配合协助交警做好善后工作，听候处理。

第八节　乘坐电梯安全常识

1. 乘坐扶梯

（1）乘坐扶梯前，检查自己的衣服、鞋带、围巾等，以防被挂拽，勿踏黄色警戒线。

（2）乘坐扶梯时，靠右用右手扶着橡皮传送带上部，不要让手指、衣物接触扶手带两侧以下的部件。切忌将头、肢体伸出扶手装置以外，尽量避免手、身体、鞋子、衣裙、物品、尖利硬物触及梳齿板，以免发生危险。

（3）带小孩乘坐电梯时，必须一只手扶着电梯扶手，另一只手拉好孩子，使孩子处于自己的前方或右手方以便看管小孩，并不能让小孩的肢体伸出电梯。

（4）不要勉强乘坐拥挤的扶梯，最好与上下台阶的其他乘客保持一到两个台阶的距离，电梯到站后立即抬脚，观察电梯前方落脚板有无松动，并快速通过，不要停留。

（5）如果发生意外事件，立即按下紧急制动按钮。该按钮一般处于电梯的两头两尾外侧，按钮呈红色，并有字符提示。

（6）电梯在维修和保养时，禁止乘坐。

2. 乘坐升降梯

（1）进出电梯时，应注意观察电梯轿厢地板与楼层是否平齐，平齐方可进出。

（2）要小心、快速进出电梯，不要在电梯轿厢门和层门之间停留。

（3）不要在乘梯时拍、踢、跳、跑、撞击、倚靠梯门，也不要用手阻挡或扳开电梯门。

（4）不要在出入电梯时低头看手机，也不要在乘坐电梯时嬉戏打闹。

（5）不要乘坐晃动剧烈、异响、轿厢内无照明、电梯门关不上或未关门就运行等状态异常的电梯。

（6）禁止超载运行。当超载铃声响时，后进入电梯者请退出电梯。

（7）请勿将水渗漏在电梯内，以免发生滑倒或引起电梯故障。

（8）禁止用异物卡在电梯门处，人为阻止电梯关闭。如需长时间搬运重物，请提前与电梯管理员联系。

（9）禁止将易燃易爆物品带上电梯。

（10）电梯内禁止吸烟。

（11）遇火灾、地震或其他灾害时，不要乘坐升降电梯。

（12）电梯发生故障或乘客被困于电梯内时，请保持镇静，使用电梯内报警装置报警后，等待救援。千万不能强行扒门逃生！

第五章

如何防盗、防抢及防骗

　　盗窃、抢劫、诈骗等不法侵害是严重威胁广大居民人身和财产安全的多发性违法犯罪行为。本章详细介绍了预防盗窃、抢劫、诈骗和远离毒品的常用知识点，以期帮助您积极做好有针对性的防范工作，最大限度地避免和减少损失与危害。

第一节　如何防范被盗

1. 家中贵重物品保管方法

（1）家中存放少量现金，除日常花销外，宜存入银行。

（2）存折和有价证券应设立密码，宜与身份证件分开隐蔽存放。

（3）昂贵物品，如金银珠宝、名贵字画、古董等有条件的宜交由有保管业务的银行托管。

2. 防范入室盗窃

（1）平房、楼房底层和二楼窗户里边或外边应安装防盗栅栏或防盗网，防盗栅栏或防盗网上需留逃生窗。

（2）应经常清理家庭门口处的缴费通知单或小广告，以免让不法分子认为家中长期无人。外出时务必将窗户锁紧，并将屋门反锁。

（3）应检查防盗门或房门锁是否符合标准，不合格的应立即更换。检查入户门锁是否稳固牢靠，提高门锁安全性能。

（4）房门是木制的应该换为防盗门，没有条件更换的应用整张铁皮覆盖。入户门锁或卧室门没有反锁装置的，门内加装插销，睡前插上。

（5）在门窗室内侧安装磁碰报警器，一旦遭到非法侵入，磁碰会自动报警。

3. 防止车辆被盗

（1）车辆应停放在正规的停车场，尽量停放在监控覆盖区。

（2）人离开车时，应关严车窗、锁好车门并检查确认。

（3）贵重物品不能放在车内和后备箱里。

4. 防范公共场所扒窃

（1）在公共场所避免显露财物，以免引起扒手注意。

（2）长途旅行中，应保持警惕，以防扒手乘机下手。

（3）在饭店就餐时，衣物放在自己的视线范围内，手机不要放在桌上，以防扒手伺机行窃。还应注意扒手故意制造纠纷，转移顾客注意力，掩护其同伙扒窃。

（4）在商场购物

时，不能将携带的挎包、手机、照相机等物品放在柜台上，以免扒手趁顾客试衣、鞋时行窃。

第二节 如何防范抢劫

1. 防范入室抢劫

（1）对来访者，在没问清其身份及来意前，不可轻信开门。单独一人在家时，可佯装打电话，降低危害威胁。

（2）门上装有"猫眼"窥镜的，看清来人，确定安全后方可开门。

（3）装有防盗门的，可先打开内门，隔着防盗门问明情况后再开门。

2. 防范拦路抢劫

（1）夜晚或凌晨时段，尽量待在室内；夜间外出尽量结伴同行。

（2）夜间出行时，应走行人较多的道路。

（3）遇到拦路抢劫时，要巧妙同歹徒周旋，设法保护自身安全，必要时"舍财免灾"。

（4）在确保安全情况下及时拨打110报警电话报警。

3. 防范提取大额现金被抢劫

（1）单独到银行提取较大数额现金时，留心附近是否有可疑人员，必要时可向银行申请提供保护。

（2）提取较大数额的现金时，应两人以上结伴而行，并注意观察周边异常情况。

（3）提取现金后，应迅速搭乘车辆离开。

4. 防范街头被抢劫

（1）佩戴的贵重饰品要放在不明显处。

（2）包不宜放在自行车篮内。

（3）背包应斜挎在肩上，并放在身前视线范围之内。

第三节 如何防范诈骗

1. 如何防范诈骗

（1）增强防范意识，时刻提醒自己有可能是骗局。

（2）不能贪图小便宜，牢记"天上不会掉馅饼"。

（3）不能以貌取人、迷信权贵。

（4）增强抵制诱惑能力，不贪美色，切忌求助心切、贪图私利。

（5）不要相信要求你"保密"的人，不要轻信让你"害怕"的人。

（6）交付财物时，应深思熟虑。

（7）在公共场所，对陌生人应保持警惕，不食用其提供的饮料或食品；不跟陌生人到偏僻处，不与陌生人倾心交谈。

（8）遇有可疑的人或事，或遭到骗子"暗算"时，应立即拨打110报警。

（9）对街头乞讨、求助的"可怜人"，要仔细识别，防止上当。

（10）不要在马路上测字、看相、算命等，买药、就医要到正规的医院和药房，不听信迷信和祖传秘方。

2. 常见电信诈骗手法

（1）"账户更改式"。以短信诈骗方式为主，以"账户更改"为由，欺骗收到短信的用户，将钱汇入诈骗分子提供的账户。有时还称"汇钱后请短信告知"。受害人如打电话核对，对方手机往往"关机"。

（2）"用户中奖式"。犯罪嫌疑人以受害人手机号、QQ号、银行卡等中奖为名，通过手机群发短信、网络消息、电子邮件或者邮

寄信件等途径，向受害人发信息。若受害人信以为真与之联系后，犯罪嫌疑人便要其交"工本费"、"会员费"、"公证费"、"转账手续费"、"个人所得税"等，要求受害人向指定账户汇款。

（3）"低价销售式"。犯罪嫌疑人主要利用网站、手机群发短信，低价销售车辆、手机、电脑等，谎称是海关罚没货物或走私商品，其实根本没有货物或提供质量极其低劣的物品。若受害人贪图便宜与其联系后，便要求先缴纳货款以骗取钱财；若受害人继续与其联系，进而再以货物为走私物品被查扣等原因，要求补"关税"、"手续费"、"运费"，继续诈骗。

（4）"银行卡操作式"。犯罪嫌疑人利用短信群发功能，自称是银行客户服务中心，谎称受害人的个人信息可能被他人冒用，要受害人持银行卡到ATM自动取款机输入密码进行所谓的"查询、设置'防火墙'保护、开通（取消）网

上电子银行账户"等操作。受害人按此操作后，银行卡的存款就转到犯罪嫌疑人银行账户上。

（5）"电话号码欠费式"。犯罪嫌疑人以电信部门名义群发信息或直接拨打电话，称受害人开户的电话号码欠费。受害人否认有此情况后，犯罪嫌疑人建议受害人报警，然后冒充公安局等政府部门，以银行账户涉案被冻结等为借口，要求受害人把账户内存款转到指定账户。受害人按此操作后，银行卡的存款就转到犯罪嫌疑人银行账户上。

（6）"电话话费诈骗式"。犯罪嫌疑人群发短信，内容为"您的朋友13×××××××××为您点播了一首歌曲，以此表达他的思念和祝福，请你拨打9××××收听。"当受害人拨打电话时，犯罪嫌疑人便赚取了高额话费。有的犯罪嫌疑人则是拨打受害人手机电话并立即挂断，一旦受害人不明就里回拨，就会产生高额话费。

（7）"网络诈骗式"。主要表现为通过发虚假QQ中奖短信骗取被害人的邮寄费、税费，以及在网上以虚构公司单位与被害人签订商业合同骗取对方货款、加盟费等。

（8）"家属出事式"。假冒医务人员，通知事主家属，以出车祸、突发重病住院急需用钱为由，让家属往指定账号汇款。

第六章

家庭食品安全

　　在国家不断完善各种机制努力保证每个公民的食品安全权益的同时，作为消费者，在日常生活中也要提高警惕，确保饮食安全。本章详细讲解如何判别伪劣食品、食品安全制作十大"黄金守则"及食物中毒预防措施。

第一节　伪劣食品防范"七字法"

伪劣食品犹如过街老鼠，人人喊打。但人们在日常购物时却难以识别。识别伪劣食品宜遵循"防范'七字法'"。防范"七字法"：即防"艳、白、长、反、小、低、散"。

一防"艳"。对颜色过分艳丽的食品要提防，如目前上市的柑橘像蜡果一样又红又亮、咸菜梗亮黄诱人、瓶装的蕨菜鲜绿不褪色等，要留个心眼，是不是在添加色素上有问题。

二防"白"。食品呈不正常不自然的白色，十有八九会有漂白剂、增白剂、面粉处理剂等化学品的危害。

三防"长"。不吃超过保质期，或者图便宜买接近保质期的食品，不要购买存储放置过久的蔬菜水果等。3℃储藏的包装熟肉禽类产品采用巴氏杀菌的，保质期一般为7～30天。

四防"反"。少吃反自然规律生长的食物，如食用过多可能对身体产生影响。

　　五防"小"。要提防小作坊加工企业的产品，这类企业的食品平均抽样合格率最低，触目惊心的食品安全事件往往在这些企业出现。

　　六防"低"。指在价格上明显低于同类食品正常价格水平，价格明显过低的食品大多有"猫腻"。

　　七防"散"。散就是散装食品和无包装食品，有些集贸市场销售的散装油、酱、豆制品中有害物质常超标严重，散装熟食、酱菜等可能来自地下加工厂，隐患很大。

第二节　食品安全制作"十守则"

　　为了减少疾病，做好饮食卫生，世界卫生组织（WHO）推荐十项"黄金守则"。

　　1. 选择经过安全处理的食品

　　许多食品诸如各类水果和蔬菜，其自然状态是最佳状态，但是有的食品未经处理可能是不安全的。例如，应当购买经过消毒的牛奶而不买生牛奶，一定要选购新鲜的、冷冻的或经安全灭菌处理的家禽。经过处理的食品可以提高安全性和保存期。某些生吃的食物，例如莴苣，则需要清洗干净。

2. 彻底加热食品

许多生的食品，如绝大多数的家禽、牲畜以及未经消毒的牛奶常被病原体污染，彻底加热可杀灭病原体。要牢记食品所有部位的温度都必须达到70℃以上。炖鸡时，如果靠近鸡骨的部分还生的话，请放回炉上直至完全炖熟。冷冻的肉、鱼和家禽必须彻底解冻后再加热。

3. 尽快吃掉做熟的食品

烹调过的食品冷却至室温时，微生物已开始繁殖。且亚硝酸盐等危害物含量会随放置时间延长明显上升，放置的时间越长，危险性越大。从安全角度考虑，食品烹饪后应尽快吃掉，不要在冰箱或室温下长时间放置。

4. 妥善储存熟食品

当不得不提前做好食品或需要存储剩余食品时，应尽量将这些食品储存于60℃以上的热保藏条件或10℃以下的冷藏条件。特别是要储存四五个小时的话，必须照此办理。婴幼儿食品不得储存。引起大量食源性疾病的一个常见原因，是把大量热食品存放在冰箱里，超过了冰箱的负荷，食物中心温度不能很快降下来，中心温度较长时间保持在10℃以上，致病菌很快大量生长繁殖达到中毒量。

5. 彻底再加热熟食品

这是消除微生物的最好办法。微生物在储存时也许已经生长繁殖（适宜的储存仅能减慢微生物的生长，但并不能杀灭它们），再次彻底加热是指食品所有部位的温度至少达到70℃。

6. 避免生食与熟食接触

经过安全加热的熟食品稍微接触生食品，熟食品就会被污染。这种交叉污染可能是直接的，即当生的肉类接触熟食时即可发生；也可能是更隐蔽的。例如，如果先处理生鸡肉，然后再用未经清洗消毒的案板和刀具切熟食品，熟食就可能会被污染。

7. 反复洗手

当开始食品加工前和每次食品加工间歇时，必须把手洗净，尤其是去卫生间后。当收拾生肉之后，必须再次洗手，方能开始处理其他食品。假如手受伤了，必须包上绷带或戴上手套、然后才能开始加工食品。还必须记住，家养的宠物如狗、鸟尤其是龟常常携带致病菌，要避免接触宠物后不经洗手消毒直接处理食物。

8. 必须精心保持厨房所有表面的清洁

由于食品极易受污染，所以用来制备食品的所有用具的表面都必须保持绝对干净。要想到任何食品的残渣、碎屑或残余物都可能变成一个潜在的细菌库。接触餐具和厨房用具的抹布应该每天清洗，并在下次使用之前煮沸消毒。用来清洁地面的墩布也应经常清洗。

9. 避免昆虫、鼠类和其他动物接触食品

许多动物常常携带引起食源性疾病的病原微生物。最好的保护方法是将食品储藏于密闭容器里。

10. 使用净水

净水对于制备食品与饮用同样重要。若供水不安全，请在加入食品或饮用前，将水煮沸，要特别注意婴儿食品的用水。

第三节 食品中毒预防"五措施"

1. 把好食品采购关

平时应到正规商店购买质量合格的食品或原料。

2. 把好食品保管关

暂时不食用的肉、菜应及时包装放入冰箱，生熟食品应分开存放；不吃已超过保质期的食品；主副食品应妥善保存，以防变质或被老鼠、苍蝇、蟑螂等侵蚀污染；应妥善保管家庭备用的消毒剂、灭鼠剂等有毒物品，应远离食物处存放，以防误食误用。

3. 把好烹调制作关

饭菜应充分加热煮熟，加热食物的温度必须达到70℃以上。生、熟食品的刀、砧板、容器应分放。隔夜食物及豆类食物，应高温加热后食用。

4. 把好消毒关

锅、碗、勺、盆、碟、筷等用前应烫洗或煮沸消毒；集体进餐应实行分餐；定时清洗消毒碗柜、冰箱、冰柜、微波炉等与食品、食物相关的器具。

5. 把好进餐关

餐前应洗手，进餐时若发现食物有异味，不可食用。

不到卫生条件差的餐馆、排档和街边小吃店就餐；注意少吃或者不吃那些容易引起食物中毒的生海鲜和凉菜类食物。

第四节　常见有毒动植物中毒的预防

1. 豆荚类中毒

中毒原因：四季豆、扁豆、刀豆、豇豆等豆荚类食品未烧熟煮透，其中的皂素、红细胞凝集素等有毒物质未被彻底破坏。因此豆荚类蔬菜未烧熟便食用，有食物中毒的危险。

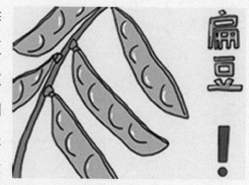

主要症状：一般在食用后 1～5 小时内发病，症状为恶

心、呕吐、腹痛、腹泻、头晕、出冷汗等。

预防方法：烹调时先将豆荚类食品放入开水中烫煮10分钟以上再炒熟。

2. 豆浆中毒

中毒原因：豆浆未经彻底煮沸，其中的皂素、抗胰蛋白酶等有毒物质未被彻底破坏。

主要症状：在食用后30分钟至1小时内，出现胃部不适、恶心、呕吐、腹胀、腹泻、头晕、无力等中毒症状。

预防方法：生豆浆烧煮时将上涌泡沫除净，煮沸后再以文火维持沸腾5分钟左右。

特别提示：豆浆烧煮到80℃时，会有许多泡沫上浮，这是"假沸"现象，应继续加热至泡沫消失，待沸腾后，再持续加热数分钟。

3. 发芽马铃薯中毒

中毒原因：马铃薯中含有一种对人体有害的生物碱，被称为"龙葵素"。平时马铃薯中含

量极微，但发芽马铃薯的芽眼、芽根和变绿、溃烂的地方，龙葵素含量很高。人吃了大量的发芽马铃薯后，会出现龙葵素中毒症状。

主要症状：轻者恶心呕吐、腹痛腹泻，重者可出现脱水、血压下降、呼吸困难、昏迷抽搐等现象，严重者还可因心肺麻痹而死亡。

预防方法：不食用发芽或表皮变绿的马铃薯。

4. 组胺含量高的鱼类中毒

中毒原因：高组胺鱼类中毒是由于食用含有一定数量组胺的某些鱼类而引起的食物中毒。引起此种食物中毒的鱼类主要是海产鱼中的青皮红肉鱼，如鲐鱼、秋刀鱼、金枪鱼等。

主要症状：一般在食用后数分钟至数小时内发病，症状为面部、胸部及全身皮肤潮红，眼结膜充血，并伴有头疼、头晕、心跳呼吸加快等，皮肤可出现斑疹或荨麻疹。

预防方法：采购新鲜的鱼，如发现鱼眼变红、色泽黯淡、鱼体无弹性时，不要购买；储存要保持低温冷藏；烹调时放醋，可以使鱼体内的组胺含量下降。

特别提示：注意青皮红肉鱼的冷藏保鲜，避免长时间室温下存放引起大量组胺产生。

---

5. 毒蘑菇中毒

中毒原因：毒蘑菇在自然界到处都有，从外观上却很难与无毒蘑菇分别开来，毒蘑菇一旦被误食，就会引起食物中毒，甚至引起死亡。资料显示，每年因采食毒蘑菇造成的死亡事件，在各类因食品安全问题致死事件中所占比例最高。

主要症状：由于毒蘑菇的种类很多，所含毒素的种类也不一样，因此中毒表现有多种多样，主要表现出四种类型。

① 胃肠炎型。大多在食用10多分钟至2小时左右发病，出现恶心呕吐、腹痛腹泻等症状，单纯由胃肠毒引起的中毒，通常病程短，预测治疗后康复的可能性很大，死亡率较低。

② 神经精神型。多出现精神兴奋或错乱，或精神抑制及幻觉等表现。

③ 溶血型。除了胃肠道症状外，在中毒一两天内出现

黄疸、血红蛋白尿。

④ 肝损害型。由于毒蘑菇的毒性大，会出现肝脏肿大、黄疸、肝功能异常等表现。

预防方法：切勿采摘、进食野生蘑菇，也不要购买来源不明的蘑菇。

第七章

老年人居家安全

　　我国已经步入老龄社会，并正迎来第一个老龄高峰期。由于老年人生理机能的衰退、控制环境能力下降等，成为伤害发生的高危人群和脆弱人群，老年人的居家安全已成为不可忽视的社会问题。

第一节 如何预防老年人跌倒

（1）坚持参加规律的体育锻炼，增强肌肉力量、平衡能力和灵活性。

（2）请医生检查自己服用的所有药物，按医嘱正确服药，了解药物的副作用。采取针对性措施或解决办法，以预防因服用某些药物造成眩晕等而引起的跌倒。

（3）根据实际需要选择适当的辅助工具，例如拐杖、助行器，防止跌倒的发生。

（4）穿合身的衣服和防滑的鞋子。

（5）熟悉生活环境：道路、厕所、路灯以及紧急救助方法。

（6）调整不安全的生活方式。具体如下：避免走过陡的楼梯或台阶，上下楼梯时尽可能使用扶手；转身、转头时动

作一定要慢；走路保持
步态平稳，尽量慢走，
避免携带沉重物品；避
免去人多及湿滑的地
方；使用交通工具时，
应等车辆停稳后再上下

车；放慢起身、下床的速度，避免睡前饮水过多，以减少夜间多次起床；晚上床旁尽量放置小便器；避免在他人看不到的地方独自活动。

（7）有视、听及其他感知障碍的老年人应佩戴眼镜、助听器及其他补偿感知设备。

（8）要加强膳食营养，保持均衡的饮食，适当补充维生素D和钙剂。

（9）可以按照以下条目检查自己家里的布置，消除隐患，打造安全的居住环境。

◇ 合理安排室内家具高度和位置。

◇ 移走可能影响老人活动的障碍物；将常用的物品放

在老年人方便取用的高度和地方；去除室内的台阶和门槛；将室内所有小地毯拿走，或使用双面胶带，防止小地毯滑动；电线要收好或固定在角落。

◇ 居室内地面设计应防滑，保持地面平整、干燥，过道应安装扶手。

◇ 卫生间的地面应防滑、保持干燥；使用坐厕而不使用蹲厕，浴缸旁和马桶旁应安装扶手；浴缸或淋浴室地板上应放置防滑橡胶垫。

◇ 保持室内光线充足。

◇ 在床边放置容易伸手摸到的台灯。

第二节　老年人如何安全进行运动

（1）患有慢性病或活动不便的老年人，在开始锻炼前，一定要听取相关医生是否准许运动的意见。

（2）运动前要先做热身运动，然后慢慢增加活动的强度。

（3）要选择能使全身得到活动、动作柔和缓慢的锻炼。适合大部分老年人的运动包括慢走、太极拳和平衡操。

（4）运动要量力而为。如果活动中感觉气急、恶心，应马上停止或降低锻炼强度，并请医生检查。

（5）应选择合适的锻炼时间。进食后不要马上活动，气

温较高时也不要急于锻炼。如大风、雪天、雨天，应在室内锻炼。

（6）注意衣着鞋袜。鞋子要合脚，衣服厚薄适宜。

（7）锻炼地点宜选择公园、绿化地带或人少较安静的地方。

第三节　老年人如何安全用药

（1）严格按照医嘱服药。

（2）服药前，先检查药物是否过期、变质，并认真阅读药物说明书，尤其是注意事项。

（3）注意药物的起效时间。急性药物中毒骤然发生，易引起老年人注意而能够及时就诊；中毒起效慢的药物，因有叠加效应，比较隐蔽，不易察觉。

（4）可准备摆药盒，将一天所服药物按次摆好。

如果您的家里存在以下情况，请立即进行整改。

自查项目		自查内容	是	否
地面和	通道	地毯或地垫不平整，有褶皱或边缘卷曲		
		过道上有杂物堆放		
		室内地面较滑		
	客厅和餐厅	室内光线不好		
		取东西需要使用梯子或凳子		
		沙发高度和软硬度不合适		
		常用椅子没有扶手		
	卧室	没有床头灯		
		床边有杂物影响上下床		
	厨房	排风扇和窗户通风不好		
		取厨房用具需要使用攀高或弯腰		
	卫生间	地面不平整		
		有门槛		
		马桶旁没有扶手		
		浴缸、淋浴房没有使用防滑垫		
		浴缸、淋浴房旁没有扶手		
		洗漱用品不容易拿到		

第八章

儿童居家安全

　　大多数儿童伤害都发生在家里，本章详细讲解儿童常见意外伤害的防范知识，只要认真学习并掌握这些知识和技能，事先做好防范措施，这些意外伤害都是可以被预防的。

第一节　如何预防儿童跌伤

1. 儿童跌伤预防

（1）预防高处跌下

◇ 不要让孩子单独待在容易致其翻倒、跌倒的地方，如床或长椅、沙发上；

◇ 在窗户和露台上加置围栏，其高度在85厘米以上，栏杆间隔在10厘米以下；

◇ 婴幼儿应睡在有床栏的床上，并拉上床栏。

（2）预防平地跌伤

◇ 及时修补破损地板。

◇ 抹干有水渍或油渍的地板。

◇ 避免在过滑的地板上穿袜子行走。

◇ 浴室应放置防滑垫。

2. 儿童跌伤应急处理

（1）检查儿童是否有瘀伤、骨折或头部创伤，瘀伤可用冷水敷于患处，以减轻其肿胀和疼痛；遇上骨折、头部创伤昏迷者，应立即将其送往医院救治。

（2）由于儿童不懂表达，因此无论伤势如何，最好还是带其到医院检查。

第二节　如何预防儿童烧伤、烫伤

1. 儿童烧伤、烫伤预防

（1）把家中暖瓶、饮水器和电饭煲等热容器放在高处，使孩子不易碰到。

（2）尽量不要使用桌布，以防孩子拉扯桌布引起盛放热液的容器打翻而发生烫伤事故。

（3）把打火机、火柴放在孩子不容易发现的地方。

（4）煤气不用时关掉总开关，以防孩子模仿点火。

（5）给孩子洗澡时，先放冷水，再放热水，并不断用手试水温或用水温计测量水温，使水温保持在38℃左右。

（6）电热器具用完后要拔下插座，并放在孩子接触不到的地方。

（7）家用清洁剂，如除污剂等要放在孩子不易碰到的地方。

2. 儿童烧伤、烫伤的应急处理

（1）烫伤后应该立即用冷水冲洗伤处，并浸泡15分钟左右。

（2）脱掉衣物，消除致热源，将烫伤的危害减轻到最低点。但衣物千万不要硬脱，以防加重皮肤的损伤，可以先把周围部分的衣服剪掉。对不易冲洗的部位，可用凉毛巾冷敷。

（3）儿童烧伤、烫伤后最好能立即送医院诊治，以免延误治疗。

第三节　如何预防儿童误吞异物

1. 儿童误吞异物预防

（1）细小物品要妥善收藏，不可散布于地上，避免儿童触及。

（2）不宜给儿童吃

可致哽塞的食物，菜肴应切成小块及进食前小心除去食物的骨、刺，并且在家长看管下进食。

（3）应该选购适合幼儿年龄的玩具，确保玩具没有容易松脱的细小零件。

2. 儿童吞咽异物哽塞的应急处理

（1）遇到哽塞情况，必须尽快清除喉中的阻塞物。

（2）如果幼儿患者清醒，鼓励其用力咳嗽，将哽塞物咳出来。

（3）如果小孩不能说话或咳嗽，可让其趴在救护者的膝上，头部朝下，一手托住他的胸部，用另一手的手掌跟拍打他的肩胛骨，使他吐出哽塞物。

（4）如果已陷昏迷并停止呼吸，替孩子清除口内硬塞物，如家人曾学过心肺复苏术，可对其进行人工呼吸，并立即拨打120急救中心求助。

第四节　如何预防儿童中毒

1. 儿童中毒事件预防

（1）危险物品应加上中文标签及警告符号，让年龄大的孩子明白及认识其危险性，以减少其好奇心。

（2）不要用盛装饮品及酱料的瓶子储存危险物品，或将饮品、酱料瓶子与这类瓶子放在一起。

（3）药物、清洁剂及化学品应存放在孩子触及不到的地方或锁在柜内。

2. 儿童中毒事件应急处理

（1）如果怀疑孩子吃了有毒的东西，一定立即带孩子去医院救治，并带上盛装有毒物质的瓶或容器。

（2）若孩子昏迷、不清醒，应立即拨打120急救中心求助。

第五节　如何预防儿童触电

1. 儿童触电预防

（1）注意定时观察孩子的举动。

（2）过长电线要卷紧收好，避免儿童拿电线玩耍。

（3）电器应放置在儿童触及不到的地方。

（4）给插座安装防

护盖。

（5）如有电器的电线松散、插头损毁，则不能使用。

2. 儿童触电应急处理

（1）首先关掉电源，不要直接用手接触伤者，用不导电的对象，如木棒、扫帚或胶棍等将其拨离带电体。

（2）遇孩子呼吸困难，可将其仰卧，确保其呼吸畅通。

（3）皮肤深处可能有灼伤，要给予冷敷减轻伤害。

（4）立即拨打120急救中心求助。

第六节　如何预防儿童窒息

1. 儿童窒息预防

（1）选用合格的婴儿床。

（2）可用安全扣针将棉被四角扣在幼儿衣领及裤脚上，防止幼儿睡觉时棉被捂住头部引起窒息。

（3）避免孩子用窗帘绳、绳索、项链等当作玩具。

（4）妥善存放塑料袋，避免儿童套在头上。

2. 儿童窒息应急处理

遇到儿童遭绳子勒颈，应迅速将其解下，检查是否仍有气息，消除口腔内堵塞呕吐物，对其进行人工呼吸及胸外按压急救，并立即拨打120急救中心求助。

第七节　如何预防儿童割伤、夹伤

1. 儿童割伤、夹伤预防

（1）利器应存放在儿童触摸不到的地方，使用后要妥善收藏，不可随意放置。

（2）婴幼儿应用塑料杯盛放饮品，不宜使用玻璃杯，以免玻璃杯打碎割伤。

（3）避免玩具散布于地上，破损玩具不再使用。

（4）门缝处加塑料布或门垫，防止儿童由于好奇心强把手伸进门缝而夹伤手指。

（5）不使用折叠桌椅。

2. 儿童割伤、夹伤的应急处理

（1）把纱布、清洁的毛巾或手帕紧压在伤口上，可在纱布上面再系紧绷带。

（2）如不能止血，在伤口外再加上清洁的纱布，用力压住伤口止血，并立即拨打120急救中心求助；不能在伤口处涂上止血粉，因其影响伤口痊愈。

第八节　如何预防儿童遇溺

在家中盛满水的浴缸、水桶或居室内的鱼缸等都存在儿童发生呛水甚至溺水的危险因素。

1. 儿童居家遇溺预防

（1）浴室应备防滑垫。

（2）不要让儿童单独留在浴室内，儿童洗澡时应有大人看管。

（3）浴室的门不能从里面自行反锁。

2. 儿童居家遇溺应急处理

（1）若大声哭泣，表示没有生命危险。让孩子坐在膝盖上，头朝下拍打其背部，帮其把水吐出来，然后送医院检查。

（2）若有呕吐物，让其侧躺，使水和呕吐物容易吐出来。

（3）若停止呼吸，立即对其人工呼吸及胸外按压急救，并拨打120急救电话求助。

第九节　如何打造儿童居家安全环境

（1）要把药品或化学品放在上了锁的抽屉、箱子或孩子不易拿到的地方。

（2）窗边不能有可以攀爬的凳子、桌子。

（3）成人用的尖头用具以及纽扣电池、笔帽等小物件要放在上了锁的抽屉、箱子或孩子不易拿到的地方。

（4）花生、水果糖等圆的、硬的食物要放在儿童不容易拿到、找到的地方。

（5）有棱角的家具要装防撞角。

（6）不要把酒精、汽油、清洁剂、农药等装在饮料瓶中。

（7）把119、110、120等急用电话写在电话机旁。

（8）不要把幼儿单独留在家中。

如果您的家里存在以下情况，请立即进行整改。

自检项目	自查内容	是	否
客厅、餐厅	客厅、餐厅地面属坚硬光滑材质（如大理石、瓷砖等）		
	客厅、餐厅的窗户没有栏杆或铁窗，若有，其高度在85厘米以下，而栏杆间隔在10厘米以上		
	客厅、餐厅窗帘的拉绳垂落至幼儿能抓到的地方		
	客厅、餐厅的家具边缘（如沙发、桌、椅、矮柜等）有坚硬的凸角或尖锐的边缘		
	客厅、餐厅的茶几或餐桌铺有桌巾且未固定（可因拉扯而移动）		
	客厅、餐厅内未使用的电插座没有加防护盖		
	客厅、餐厅内的电线或延长线未固定		
	客厅、餐厅内有药品放在幼儿能拿到的地方		
	客厅、餐厅内有小电池、针、扣子、玻璃珠、小发夹、硬币、瓶盖等小物品放在幼儿能拿到的地方		
	客厅、餐厅内有小刀、剪刀、指甲刀、等尖、利物品放在幼儿能拿到的地方		
	客厅、餐厅内有玩具散置在地面或座位上		
	客厅、餐厅内有打开的折叠桌放在幼儿容易钻玩的地方		

续表

自检项目	自查内容	是	否
浴室	浴室内没有铺设防滑地垫		
	吹风机垂挂在低矮处或放在洗手台上，且其插头插于插座上		
	浴室内有清洁剂或杀虫剂放在幼儿能拿到的地方		
	浴室内有药品、化妆品、剃须刀等危险物品放置在幼儿能碰触到的地方		
	浴室门外没有铺设吸水或防滑的垫子		
	浴缸内没有铺设防滑垫或浴缸旁没有扶手		
	浴室无通风口		
	浴室的门自内反锁后，无法从外面打开		
	瓦斯或热水器装置在浴室内或在浴室外通风不良处		
厨房	厨房的地面潮湿或有油渍		
	厨房内的饮水机、烤箱、微波炉放在幼儿能碰触的地方		
	厨房内有清洁剂或杀虫剂放在幼儿能拿到的地方		
	有用食品容器（如汽水瓶、碗等）盛装清洁剂、洗衣剂或有毒溶剂等		
	花生米、瓜子，小西红柿等小颗粒食品，放在了幼儿能拿到的地方		

续表

自检项目	自查内容	是	否
厨房	家中工具类用品及危险物品（如起子、钉子、锯子、打火机、火柴、刀叉或其他利器以及塑料袋等）放在幼儿能拿到的地方		
	锅柄或锅铲柄朝外放置		
	厨房内的大容器（如大桶、大水盆或大锅）内储有水或汤，且未加盖		
阳台	阳台上有清洁剂、洗衣剂等用品放在幼儿能拿到的地方		
	阳台上有工具类的物品（如起子、钉子、锯子、锤子、细绳及塑料袋等）放在幼儿能拿到的地方		
	阳台上有盆栽或其他植物放在幼儿能碰触的地方		
	阳台上围栏高度不够，在85厘米以下，栏杆间隔过大，在10厘米以上；或栏杆围横向设计		
	阳台上有可助攀爬的物品（如凳子）		
	阳台围栏已破损或老旧松动		
	有热水器的阳台上无法对流通风		
	阳台上的烘衣机放在幼儿能接触的地方		

第九章

残疾人安全

　　残疾人作为社会的一个特殊群体，他们的安全更应该得到重视。本章根据一般残疾人的生理情况，介绍残疾人在生活照料中应注意哪些安全细节以及残疾人遇险的求救方法。

第一节 残疾人生活的照料

1. 视力残疾人的生活照料

（1）家人日常与视力残疾人交谈，在距离视力残疾人一两米远时，首先要有一个声音的提示，让他知道你在附近；不能突然大声疾呼或突然和其握手或拥抱，以免使其受到惊吓；与他们讲话时先说他们的名字，提示正在对他说话。

（2）为视力残疾人引路时，要让他扶握住你的胳膊肘部，引领他行走，而不是拽着走；家人要熟记视力残疾成员的生活习惯，比如他习惯扶握左边还是右边；引路时要多用描述性的语言，把能看到的一切都尽量讲给他听；不可以随意拿走视力残疾人的盲杖，或者牵引盲杖为其带路。

（3）指挥方位要清楚准确，如"把水杯放在你自己的前面"而不是"把水杯放在那儿"，又如"在你左前方一米左右"而不是"在这里"。

（4）引领视力残疾人就座时要把他的手轻轻放在座椅的

靠背或扶手上，让其能够确定座椅的位置。

2. 听力、言语残疾人的生活照料

（1）照料听力、言语残疾家庭成员时，家人要主动、耐心为其解释或者翻译周围发生的事情。

（2）与听力、言语残疾人交谈时应微笑地提前打招呼，多注意他们的眼神和手势，如看不懂他们的手语，可进行笔谈，用语要直截了当。日常生活中，家人要避免用晦涩、幽默或说反语等方式与其交谈，以免引起误解。

（3）家人要会熟练运用手语与听力、言语残疾人交流，并注意手语的准确性和表情的配合。

3. 肢体残疾人的生活照料

（1）与坐轮椅的残疾人交谈，若时间超过一分钟，最好采用蹲姿与其交谈，此时双方的目光应在同一水平线上；不要倚靠肢体残疾人的轮椅或者其他辅助设备。

（2）给肢体残疾人打电话，电话铃声要多响几声，便于对方接听。

（3）与架双拐的残疾人同行、上楼梯或乘电梯，最好走在他们前面，但不要让他们有紧迫感；如果为了方便照顾他们，也可在征求他们的意见之后，陪伴在适合的位置，一般不必搀扶，别人的搀扶反而会使其失去平衡，有"帮倒忙"的可能。

（4）与肢体残疾人一起就餐时，如果是失去双臂的残疾人，只要询问他们需要什么餐具，切忌喂他们吃东西；帮助坐轮椅或架拐杖的残疾人用自助餐，要先询问对方需求，再按照对方的要求协助其取食品。

第二节　残疾人遇险求救方法

残疾人有的丧失语言功能，有的丧失听力功能，有的没有行动能力，遇到危险时无力自救，可采取如下方法求救。

（1）当遇到危险时，可以用敲脸盆、饭盒、茶缸或挥毛巾、吹哨子等手段向周围发出求救信号；或者发短信  给家人或朋友，由他们打报警电话；也可以拨通报警电话后持续不挂机，并在话筒边制造混乱声音求救。

（2）可以用手电筒、镜子反射光等方法，向人们发出求救信号。每分钟闪6次，然后停顿1分钟，不断重复。

（3）被大火困在楼上时，可采用抛掷软物，如枕头、书本、空塑料瓶等，引起下面注意并指示方位，向地面发求救信号。

（4）如果在野外遇险，夜间可点燃干柴，利用火光向周围发出求救信号；白天可点燃青草、树叶，使其冒烟，以引起别人的注意。

第十章

自然灾害应急常识

　　暴雨、雷电、大风、高温等自然灾害发生频率高、影响大、危害严重，如能提前做好防范与应急，就可最大限度地减少损失和减轻危害。本章详细讲解在遇到上述自然灾害的情况下，居民应如何采取应对措施，保障自己和家人的生命财产安全。

第一节　暴雨应急常识

暴雨在我国夏季最为常见，暴雨预警信号分4级，由低到高分别以蓝色、黄色、橙色、红色表示。

1. 暴雨时如何避险

出门前，要先了解天气情况，尤其注意是否发布暴雨预警信号。特别是夏季，雷阵雨比较突然。出行时最好准备伞或者雨衣，以防万一。

若在途中遇到暴雨，一定要找一个地方躲雨，亭子或者商店等。千万不要躲在树下，有雷击危险。若打伞，伞头的方向必须与风的方向相反。如果顺风打伞，不但挡不了雨，伞也容易损坏。

若在旅游途中遇到暴雨，应立即找最近的旅馆安定下来。千万不要冒雨前行，最好停至一个安全的地方避雨。

若在家中遇到暴雨，要关好门窗，关闭电源。如果没有什么特殊的事就不要出门，安心度过暴雨时期。

若是在学校遇到暴雨时，在校的老师应让孩子安心停留在教室，不要随意走动。哪怕是放学期间，也要让孩子停留在教室，直到家长送雨具过来带回家，或雨停后再放学。

暴雨时若发现高压线铁塔倾倒、电线低垂或断折，要远离避险，不可触摸或接近，防止触电。

住在低洼处的居民要及时转移到地势较高的安全场所，防范发生山洪、滑坡和泥石流等次生地质灾害。

洪水过后，要服用预防流行病的药物或接种疫苗，做好卫生防疫工作，避免发生传染病。

2. 行车遇暴雨如何避险

打开汽车夜间照明灯和小灯，握好方向盘，小心驾驶，注意行人，低速行驶，慎用制动。因轮胎附着系数低，制动距离会更长，并且轮胎容易打滑，极易出事。

遇特大暴雨时，千万不要冒险行驶，应选择地势较高的安全地带停车。打雷时，要关好门窗，待在车内。

不熟悉的路况，不了解积水深度，不要轻易让汽车涉水。

千万不能急加速，这样飞溅的雨水容易被进气管吸入，

使汽车造成损伤。应尽量放慢车速，减小油门谨慎前行。

如不小心车子进水熄火，千万不能再进行启动，否则发动机将有可能报废。应尽快联系保险公司，通知4S店施救。也可请路人帮忙，将汽车从水中推出来，尽快联系专业人员进行修理。

如有紧急情况需出车，遇有暴雨必须行驶，则应采取必要的防护措施：将空气滤清器拆下来，或者将进气软管抬高，或将排气管用橡胶软管接高。使汽车的进、排气口尽量远离水面，减小发动机进水的可能性。

行车时，应尽量躲避对方车行驶时所涌起的水浪，必要时可停车让对方汽车先通过。

当水淹没高度达到车轮半径时，应尽量避免让汽车涉水。采用挂低挡、少加油、慢而匀速行驶的方法通过。

当水淹没汽车时，要迅速自救，解开安全带，打开车门锁，推开车门，跳离车子，或在车冲入水中的一刹那跳进水里。若没能跳车，车门也没来得及打开，车就冲进水里，车不会马上沉下去，且电路仍能正常工作。此时要利用驾驶室尚未完全进水的机会，迅速打开车窗，从车窗逃生。

如果电路失灵，那么想办法砸碎车窗（车中应常备逃生锤），从车窗逃出。前挡风玻璃砸碎之后也会有胶粘连在一起，所以要选择侧窗。车窗边角容易敲碎，要先砸车窗的四个边角，再砸中间部位。打碎车窗的同时，水会涌入车内，所以要对此有所预见并且用力的游出去。

第二节　雷电应急常识

雷电在我国夏季最为常见，雷电预警信号分三级，分别以黄色、橙色、红色表示。

出门前，要先了解下天气情况，尤其注意是否发布雷电预警信号。如果有发布雷电预警信号，人员应当留在室内，并关好门窗，切断电源，尽量不要使用无防雷装置或者防雷装置不完备的电视、电话等电器，不要使用太阳能热水器。

户外人员应当躲入有防雷设施的建筑物或者汽车内。不要在树

下、电杆下、塔吊下避雨，不要待在露天游泳池、开阔的水域或小船上。

在空旷场地不要使用金属骨架的雨伞，不要把农具、羽毛球拍、高尔夫球杆等扛在肩上。妥善保管易受雷击的贵重电气设备，断电后放到安全的地方。

切勿接触天线、水管、煤气管、铁丝网、金属门窗、建筑物外墙，远离电线等带电设备和其他类似金属装置。

防雷安全顺口溜

刮风下雨少出门，雷电有时会伤人。

雨季断电要牢记，免得雷公烧电器。

遇雷莫把手机通，避免电波伤你身。

涉爆企业尤为先，防雷设施要齐全。

第三节　大风应急常识

大风（除台风、雷雨大风外）预警信号分为四级，由低到高分别以蓝色、黄色、橙色、红色表示。

居民应密切关注天气状况，尤其注意大风预警信号的发布情况。如果刮大风或收到大风预警信号，应尽量留在室内，关紧门窗，加固围板、棚架等搭建物，妥善安置室外物品。

户外人员走路尽量避开高层楼房之间的狭长通道，不在广告牌、老树下逗留，远离建筑工地，尽量不骑自行

车，应在轻型车辆上放置一些重物，或慢速行驶，必要时应停车。

第四节　高温应急常识

高温预警信号分为三级，由低到高分别以黄色、橙色、红色表示。

居民应密切关注天气状况，尤其注意高温预警信号的发布情况。尽量避免午后高温时段的户外活动，避免长时间在户外停留或者高温条件下作业；户外工作或活动时，要避免长时间在阳光下曝晒，同时采取防晒措施；注意作息时间，保证睡眠；必要时准备一些常用的防暑降温药品，如仁丹、十滴水等；注意防范电力设备负荷过大而引发火灾。

第五节　寒潮应急常识

寒潮预警信号分为四级，由低到高分别以蓝色、黄色、橙色、红色表示。居民应密切关注天气状况，尤其注意寒潮预警信号的发布情况。

1. 寒潮来临前的防护措施

帽子　口罩　围巾　手套　防水外套

准备防水外套、手套、帽子、围巾、口罩。检查暖气设备、火炉、烟囱等确保正常使用；燃煤、柴等储备充足。节约能源、资源，室温不要过高。注意汽车防冻。

2. 寒潮发生时应对措施

（1）注意收听天气预报及紧急状况警报。

（2）多穿几层轻、宽、舒适并暖和的衣服，尽量留在室内。

（3）避免过度劳累。

（4）警惕冻伤信号——手指、脚趾、耳垂及鼻头失去知觉或出现泛苍白色。如出现此类症状，立即采取急救措施或就医。可使用暖水袋或热宝取暖，但小心被灼伤。

（5）保证室内通风，防止煤气、一氧化碳中毒。

3. 遭遇暴风雪被困在车内

（1）如果汽车在高速路上抛锚，必须打开危险信号灯。

（2）尽量留在车内，发出求救信号。

（3）夜间要打开车里的灯，以便救援人员及时发现。

（4）每小时开动发动机和加热器10分钟以取暖，注意同时要稍打开逆风窗以保证空气流通，还要节约电池电量。

第六节　大雾应急常识

大雾预警信号分为三级，由低到高分别以黄色、橙色、红色表示。居民应密切关注天气状况，尤其注意大雾预警信号的发布情况。

遇大雾天气，有以下几点建议。

（1）尽量不外出，少在雾中活动，不要在雾中锻炼身体。

（2）必须外出时，应戴口罩。

（3）行人穿越马路应看清来往车辆。

（4）乘车（船）等交通工具时一定不要相互拥挤。

（5）驾车应打开雾灯，与前车之间保持足够的安全距离，慢慢行驶，停车时最好驶到马路以外。

第七节　冰雹应急常识

冰雹预警信号分为两级，由低到高分别以橙色、红色表示。居民应密切关注天气状况，尤其注意冰雹预警信号的发布情况。

冰雹发生时，宜做好以下几点。

（1）关好门窗，妥善安置好易受冰雹影响的室外物品。

（2）切勿随意外出，确保老人小孩留在家中。

（3）暂停户外活动。

（4）如在户外，要及时到附近的建筑物或较坚固的遮挡物下躲避。不要在烟囱、电线杆或大树底下躲避冰雹。

（5）开车遭遇冰雹，

最好先寻找安全的地方停下来躲避，至少也要降低车速。

第八节　暴雪应急常识

暴雪预警信号分为四级，由低到高分别以蓝色、黄色、橙色、红色表示。居民应密切关注天气状况，尤其注意暴雪预警信号的发布情况。

暴雪天气，建议居民宜做好以下几点。

（1）尽量待在室内，不要外出，在家中储备一定的食物、饮用水、蜡烛等应急用品。

（2）如果在室外，要防止跌倒摔伤。要远离广告牌、临时搭建物和老树，避免砸伤。路过桥下、屋檐等处时，要小心观察或绕道通过，以免因冰凌融化脱落伤人。

（3）非机动车应给轮胎少量放气，以增加轮胎与路面的接触面积而增大摩擦力。

（4）注意收听天气预报和交通信息，避免因机场、高速公路、轮渡码头等停航或封闭而耽误出行。

（5）驾驶汽车时要慢速行驶并与前车保持距离。车辆转弯前要提前减速，避免踩急刹车。有条件要安装防滑链。

（6）出现交通事故后，应在现场后方设置明显标志，以预防连环撞车事故发生。

第九节　沙尘暴应急常识

沙尘暴预警信号分为三级，分别以黄色、橙色、红色表示。居民应密切关注天气状况，尤其注意沙尘暴预警信号的发布情况。遇到沙尘暴时，宜做好以下几点。

（1）及时关闭门窗，必要时可用胶条对门窗进行密封。

（2）外出时要戴口罩，用纱巾蒙住头，以免沙尘侵害眼睛和呼吸道而造成损伤。

（3）呼吸道疾病患者、对风沙较敏感人员不要到室外活动。

（4）行人注意尽量少骑自行车，机动车和非机动车应减速慢行，密切注意路况，谨慎驾驶。

（5）妥善安置易受沙尘暴损坏的室外物品。

第十节　道路结冰应急常识

道路结冰预警信号分为三级，由低到高分别以黄色、橙色、红色表示。居民应密切关注天气状况，尤其注意道路结冰预警信号的发布情况。

发生道路结冰时，宜做好以下几点。

（1）行人出门当心路滑跌倒，尽量不要外出，特别是尽量避免骑自行车。

（2）行人要注意远离或避让机动车和非机动车辆。

（3）避免少年儿童在有结冰的操场或空地上玩耍。

（4）老人不要在有结冰的地方散步或锻炼身体。

（5）司机要采取防滑措施（如装防滑链），注意路况，慢速安全驾驶，服从交通警察指挥疏导，提前了解道路关闭情况，出行避开结冰道路。关键做到：起步慢抬离合、缓加油，行车中保持低速平稳，路面上禁忌急打方向盘，保持横向的安全距离。

第十一节　地震应急常识

1. 避震注意事项

（1）地震从感觉到震倒房屋，通常只有十几秒时间，要迅速决定跑出去还是就地躲避，并立即采取措施，不能犹豫。

（2）远离建筑物的室外空地和房屋倒塌后室内能形成三角空间的地方是相对安全的，也是常说的避震空间。

（3）躲避时应尽量降低身体重心，蹲下或坐下时，尽量蜷曲身体，减少受伤机会。

2. 避震"十不要"

（1）不要跳楼。

（2）不要滞留在床上。

（3）不要在室内窗下、阳台上、楼梯里、电梯间和外墙下避震。

（4）不要在狭窄街巷、高楼大厦、高大烟囱和水塔、吊塔下避震。

（5）不要在电线杆、高压线、变压器下避震。

（6）不要在立交桥、过街天桥及各类桥下避震。

（7）不要在河边、悬崖下避震。

（8）不要躲进生产危险品的工厂、加油站等危险场所。

（9）在人多场所遇到地震时，应避开人流，不要拥挤。

（10）震后不要马上回到建筑物内找人取物。

3. 震时避险方法

（1）在室内，应安全地尽快关闭电源、火源及天然气阀门；平房和楼房一层的人员应迅速头顶保护物跑到室外空地；来不及跑出时，可躲在桌下、床下和坚固家具旁或紧靠墙根，保护好头部。震后20秒左右应迅速跑到室外开阔地，避免余震伤害；楼上人员应远离外墙及门窗，在就近墙角、坚固桌下蹲下，蜷曲身体，抓住桌腿或扶住墙壁；如无三角空间可利用，应用被子保护头部，避开吊灯、衣架等容易震落、倒塌之物蹲下；也可选择厨房、浴室等空间小、不易塌落空间避震。

（2）在户外，应迅速避开危墙、高大广告牌、吊车、高烟囱、过街天桥、陡崖、滑坡、高压线、变压器等高大、危险和可能滚落、倒塌的目标，离开建筑物和窄街道。

（3）在行驶的公交车内，应抓牢扶手，降低重心，躲在座位附近，等震后再下车；开车时也应迅速靠边停下、离车、蹲下，但不要锁车。

（4）在影剧院、体育馆等处，应就地蹲下或趴在排椅下避开吊灯、电扇等悬挂物，保护好头部，不要拥挤外逃。

（5）在商场、书店内，应选择结实柜台、室内立柱附近就地蹲下，用手和其他东西护住头部，避开容易破碎的玻璃门窗、橱窗、柜台、高大货架、广告牌、吊灯等。

（6）在教室内，应迅速抱头、闭眼，躲在课桌下，不要拥挤外逃；如果在操场上或室外，可原地蹲下，双手保护好头部，尽量避开高大建筑物或危险物。

（7）在野外，应迅速避开河边、水坝或桥梁等危险环境；遇到山崩、滑坡，应迅速向滚石两侧躲避，不能顺着滚石方向往山下跑，也可躲在结实的障碍物下，或蹲在地沟、坎下。

4. 震后埋压逃生方法

（1）不要惊慌失措，首先用衣服把嘴和鼻子挡住，以免灰尘呛晕窒息。

（2）情绪要应尽快稳定下来，尽可能用砖头、木料等做支撑，巩固有效生存空间，一定要注意保存体力。

（3）如果已受伤，应尽快用简易办法包扎好伤口，感觉脊柱疼痛的，应保持原来姿势不动，尤其不可做扭曲、侧弯和弯腰动作，以免造成脊椎损伤。

（4）搜集饮水、食品，并不时地用砖头和铁器等敲打暖气和下水管道，向外界发出求救信号，但不要大声喊叫，以免浪费体力。

（5）自行脱险后，应迅速远离危险环境，尽量到开阔地方休息，不能返回危险建筑物内寻人取物。

5. 震后互救方法

（1）应先救近的青壮年、容易救的人。

（2）应注意听被困人员叫喊、呻吟、敲击器物的声音，准确判断被埋人员的位置，特别是被困人员的头部所处的位置。

（3）对埋在瓦砾中的幸存者，应先建立通风孔道，设法送风，以防缺氧窒息，再用饮水管传送低糖盐水。应先扒露出伤员头部，清理口鼻灰土，再扒开胸部挤压物，恢复其自主呼吸。对呼吸停止者，尽快进行人工呼吸和胸外心脏按压；应协助被埋者自主爬出，对不能爬出的，逐件移开挤压建筑构件，慢慢拉出，不能生拉硬扯。对脊椎、腰椎损伤者，搬动时应用门板或硬面担架，以免造成二次损伤。

（4）对长时间处于黑暗中的被救者，应注意保护其眼睛，可用毛巾等物蒙住双眼，避免光线突然刺激。

（5）发现被埋较深一时难以营救的幸存者，应做好标记，立即报告搜救专业队，以待救援。

第十一章

家庭常用急救方法

　　了解和掌握家庭常用急救方法，可以在关键时刻最大程度减少伤害。为了帮助居民更好地掌握急救技能，本章介绍烧烫伤、触电、煤气中毒、中暑、食物中毒和溺水等常见情况的急救方法。

第一节　烧烫伤急救

（1）轻伤，可先用冷水冲洗，后涂烫伤药膏，不必包扎。

（2）皮肤起泡的，不要弄破水泡，可用凡士林纱布轻轻包扎，减少疼痛，患者多喝水，口服安定止痛药。

（3）重伤，观察患者有无休克、昏迷及其他合并症，服用消炎止痛药物，伤处衣裤袜之类应剪开取下，不可剥脱。用干净的毛巾、床单等，包裹覆盖创面，初步处理后，立即送往医院救治。

第二节　触电急救

（1）应迅速拔掉电源插头或关闭电源开关断电，也可用干燥的竹、木杆等绝缘物挑开电线，使触电者脱离电源。如触电者手与电线连接紧密，可用干燥的木棒将其拨离触电处。切忌用身体触及

触电者或电线，更不能用手拖拉，以防连环触电发生。

（2）急需切断电源导线时，必须用绝缘电工钳或带手柄的工具切断；野外碰触电线时，可用干燥树枝、木柄干燥的刀、斧头、铁锹等切断电线，中断电流。

（3）触电者脱离电源后，应移至通风干燥处，立即松解其衣领和腰带，让其呈仰卧姿势，清除其口中的异物，取下其义齿等以保持呼吸道通畅；如发现其呼吸停止，应立即进行人工呼吸。

（4）触电严重者要及时拨打120救护车或送医院抢救。

第三节　煤气中毒应急常识

（1）立即打开门窗通风并关闭煤气阀门，且尽快将中毒者拖离中毒现场，并注意保暖。千万不要动各种电源开关，不要打电话，不可使用明火及一切可能产生火花的设备。

（2）轻度煤气中毒患者，可解开其衣领、裤带，使呼吸畅通。给其喝浓茶、咖啡，并注意观察；对于重度煤气中毒患者，抢救者迅速先做2~3次深呼吸并闭气，快速营救中毒者，避免抢救者吸入毒气；同时立即拨打120电话求助。

第四节　中暑应急常识

根据症状的轻重，高温中暑可分为轻症中暑和重症中暑，轻症中暑表现为头晕、头疼、面色潮红、口渴、大量出汗、全身乏力、心悸等；重症中暑包括热痉挛、热衰竭和热射病，可导致死亡。

（1）轻症中暑，如出现发热、水泡、严重疼痛，应就医，同时注意避免反复日晒，晒伤的地方冷敷或浸泡在凉水中，在晒伤的地方涂抹保湿乳液，不要使用霜、软膏等质地过于浓稠的护肤品，不要挤破水泡。

（2）重症中暑，表现为头痛、恶心或呕吐、极高的体温、浑身抽搐、口齿模糊、皮肤红、热且干燥无汗、意识不清等，如患者症状严重或伴有心脏疾病或高血压，应立即就医。同时做好以下措施。

① 迅速将患者转移至阴凉通风处。

② 解开其衣扣并平卧，用凉水擦拭头部和全身。对严重者，可用冰水降温，比如将患者浸泡在浴缸的凉水里，或放在凉水淋浴下，凉湿毛巾或冰袋冷敷头部、腋下及大腿根部，帮助身体散热。

③ 监测患者体温，坚持努力帮助患者降温直到体温降

到38℃。

④ 神志清醒者多喝些凉爽且不含酒精的饮料或低浓度盐水，涂抹些清凉油；对昏迷不醒者，不要给患者喝水，立即拨打120急救电话。

⑤ 热射病患者可发生不自主抽搐。发生这种情况时，要阻止患者伤害自己，不要在患者嘴里放任何东西，不要试图喂液体补充水分，如果发生呕吐，请翻转病人的身体使其侧躺，保证呼吸道通畅。

第五节　食物中毒急救方法

（1）急救原则：快速、及时地设法使毒物排出体外或对症解毒。

（2）使毒物排出体外的主要措施有以下几种。

◇ 催吐：对中毒不久且无明显呕吐者可用手指、筷子等刺激舌根部以引起呕吐。也可通过大量饮用温开水并反复自行催吐，以减少毒素的吸收。

催吐

◇ 导泄：加速毒物从大便中排出，但严重腹泻者禁用该法。可于洗胃后灌入蓖麻油30～60毫升或硫酸镁20～30克（溶于1杯水中）服用。

◇ 解毒：如果是因吃了变质的鱼、虾、蟹等引起的食物中毒，可取食醋100毫升，加水200毫升，稀释后一次服下。此外，还可采用紫苏30克、生甘草10克一次煎服。

（3）经上述处理后中毒症状未见好转或逐渐加重者应送医院抢救，并完成下列工作。

◇ 拨打120急救电话，并向当地疾病预防控制中心报告。

◇ 保留剩余的食物，包括食物所送接触的餐具、炊具。如果身边没有食物样本，也可保留患者的呕吐物和排泄物，以方便医生确诊和救治。

◇ 尽量保存病人的呕吐物及大便，以供检验。

（4）病人经医治后，应注意调养生息，可吃流质食物，如米汤、鸡蛋羹、藕粉之类的食物。症状好转，可吃半流质食物，如稀粥、面片汤等。忌油腻，不能吃带刺激性的食物，如辣椒、胡椒等。

食物中毒猛于虎，上吐下泻好痛苦。

同吃同拉同受苦，快打120求助。

催吐导泻留"证物"，未见好转把院入。

第六节　溺水急救常识

（1）当发生溺水时，不熟悉水性者可采取自救法：努力使身体处于平躺在水上，并且头部向后仰，保持口鼻部露出水面呼吸。呼气要浅，吸气要深。不要将手臂上举乱扑动，否则会导致使身体下沉更快。

（2）救护溺水者，应迅速游到溺水者附近，观察清楚其位置，从其后方出手救援；或投入木板、救生圈、长杆等，让落水者攀扶上岸。

（3）对于溺水者，抢救越及时，成功率越高，切不可急于送往医院延误宝贵的抢救时机，使溺水者失去存活的机会。将溺水者搭救上岸后，立即撬开牙齿，清除口腔和鼻腔内杂物，使其呈俯卧姿势，腹部垫高且头处于低

位，以利于呼吸和排出积水；如溺水者呼吸和心跳已停止，应使其仰卧并立即实施胸外心脏按压与人工呼吸，急救的同时拨打120急救中心寻求救助。

第七节　心肺复苏术

1. 胸外心脏按压

非专业施救者一旦发现患者呼叫无反应或无正常呼吸，应立即呼救，拨打急救电话或请旁人帮助呼救，并开始心肺复苏。施救顺序应先胸外按压，再进行人工呼吸。具体步骤如下。

（1）将患者平放后，救助者跪在患者身体右侧，解开其上衣，露出前胸。

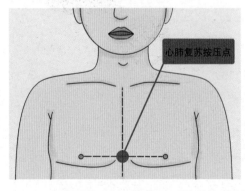

（2）按压部位为两乳头连线与胸骨交界处。

（3）将一手掌跟部放在按压部位，另一手掌跟部置于前一手背上，两手手指交叉抬起，使手指脱离胸壁。

（4）上半身略向前倾，双肩位于双手的正上方，双臂垂直在患者的胸骨上，借助自身上半身的体重和肩臂部的力量向下按压，按压时不要左右摆动。

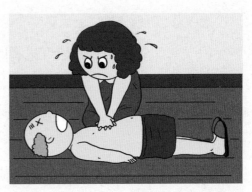

（5）将胸骨下压5～6厘米。按后放松臂力，但手掌不能离开胸骨，应紧贴在胸壁上。

（6）按压频率为每分钟80～100次。

（7）无论是单人抢救还是双人抢救，均压胸腔30次后吹气两口（即30∶2），吹气时暂停胸外按压。

（8）心脏按压应持续进行，中途不能停止，直到医护人员到达。但为避免疲劳，每分钟更换按压者，每次更换尽量在5秒钟内完成。

注意事项：未经训练的非专业施救者可单纯进行胸外按压，直到救援人员到达。如果经过培训的施救者有能力进行人工呼吸，则应按照30次按压给予2次人工呼吸的比率给予人工呼吸。

2. 人工呼吸

（1）人工呼吸前，先清理患者的口腔、鼻腔里的异物，摘掉活动的义齿，保持呼吸通畅。

（2）将患者领口解开，放松腰带（女性应解开胸罩），面部向上，颈后部垫一软枕，使头尽量后仰。

（3）救护人员位于患者头旁，应一手捏紧患者鼻子，先深吸口气，用口对着患者的口吹气，口离开的同时，捏鼻子的手也松开。

（4）吹气应有力、有节奏地反复进行，每分钟15次左右。

（5）患者胸部活动时，立即停止吹气，并将患者的头偏向一侧，使其呼出空气；对牙关紧闭的病人，可对其鼻孔吹气，方法同（4）内容。

第八节　常用止血方法

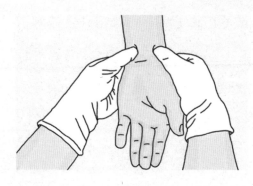

1. 指压止血

用手指按在伤口的上方，在近心端处的动脉压迫点上，用力将动脉血管压在骨骼上，中断血液流通，达到止血目的，适用于头部及四肢的止血。

2. 加压包扎止血

用消毒纱布将伤口覆盖后，再用棉花团等软物折成垫子，放在伤口敷料上面，然后用三角巾或绷带紧紧包扎，并将肢体抬高，以达到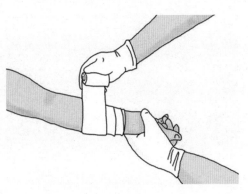止血目的。适用于小动脉、静脉及毛细血管出血。伤口有碎骨时，禁用此法。

3. 止血带止血

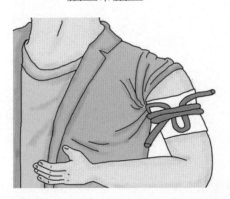其他方法不能止血时，应用橡皮止血带和绷带或布条制成的止血带，也可用宽绷带、三角巾或其他布条等代替止血带，把肢体的血管压住，以达到止血目的，适用于动脉出血。使用止血带的部位应先衬垫上纱布、毛巾或伤者衣服、以免损伤皮下神经；松紧应适度，包扎好后立即送往医院急救。

第十二章

家庭避险逃生计划

　　突发事件、灾难会在瞬间发生，让人措手不及。以家庭为一个团队，准备应急用品及工具，平时经常学习各种应急知识，制订避险逃生计划，并不断完善计划，就可以使你和你的家庭从容应对灾难。

第一节 准备步骤

（1）要了解各种知识。收集当地应急机构发放的宣传手册，收集信息；了解应急避难场所；为可能发生的灾难做好准备；随时了解天气预报和政府的报警。

（2）制订计划。首先，家人组成一支团队。应至少有一人掌握急救方法。其次，选择一个应急联系人。当灾难发生时，家庭成员可通过该应急联系人互相告知自己的情况及集合地点。

（3）制作家庭联络表。包括家人的联系方式，单位或学校。还应该包括上述提到的联系人的信息。确保每人都有一份沟通计划，并放在明显处，以备不时之需。

（4）逃生通道和疏散路线。确保每一个家庭成员知道应对各种灾难的最好逃生通道和疏散路线。一年至少要练习两次紧急疏散，并且经常完善逃生计划。

（5）确定集合地点。在户外选择一个合适的地方，若有紧急事情发生，家庭成员将在提前确定的集合地方汇合。

（6）为不同的灾害做准备。不同的灾害要采取不同的措施。例如，远离暴风雨的措施和火灾避险的措施是不同的，需要针对不同的灾害制订避险逃生计划。

第二节　灾难之前要做的事情

1. 必备知识技能

家庭成年成员都要了解在必要时如何关掉水、煤气和电的主要阀门或开关，把维修工具放在煤气和水阀门的附近以备不时之需。确保每一个成员知道灭火器的位置与使用方法。最好能参加红十字会急救课程。

2. 家庭财产

考虑为家庭财产上保险，编制家庭财产清单以便理清家庭财产情况。家庭财产清单妥善保存在安全的地方，即便发生灾难，该清单也能够存在，便于灾后清点家庭财产。最后，重要的家庭记录和其他重要的文件（例如户口本、身份证、结婚证书、银行卡密码、遗嘱、保险等）都应妥善保存。

3. 家庭应急包

在突发事件中要带上家庭应急包并且迅速疏散逃生。家庭应急包是一种有各种工具的包，针对家庭意外灾难，如地震、火灾等人为灾害和自然灾害，包含自备维持生命的食物、饮水及简单的生活和求救应急必需品的夜光应急包。家庭应急包应该放在离门口比较近的位置。至少每年检查一次并随着家庭的需要来更换应急包中的物品。

应急包中的必需品包括多用刀具、地图、口哨、卫生纸、绳子、亲友通讯录、收音机、食品、饮用水、保暖毯、呼吸面罩、消防毯、应急灯、急救箱和必备药品。

多用刀具　　地图　　卫生纸　　　水　　食品　　收音机　手电筒

绳子　　亲友通讯录　必备药品　　　雨具　　急救箱　　口哨

根据家庭人口特点、气候特点等因素，还应在应急包中配备相应的必需品。比如在冬季，灾难发生后没有供暖，应急包中建议配备外套、帽子、手套和围巾。家中有婴儿的，还应在应急包中考虑配备婴儿用品，如尿布、奶瓶等。

第三节　灾难发生应对方法

1. 收到疏散通知后，需要立刻采取以下措施

（1）注意收听广播或看电视了解当地的应急避难场所和政府的通知。

（2）穿有保护性的衣服和坚硬的鞋子。

（3）带上应急包。

（4）一定要用给定的乘车路线，不要抄近路，因为某些区域可能是不能通过或是危险的。

2. 灾难过后，需要立刻采取以下措施

（1）为受伤严重的人采取急救措施。

（2）如果紧急事件发生的时候在家，用手电筒检查一下损失，不要点火柴或蜡烛，也不要用打火机。

（3）检查家里是否有火灾隐患、触电危险、煤气泄漏的情况。如果闻到煤气或是可疑的泄漏，关闭主要的煤气管道，打开窗子，迅速疏散所有的人。

（4）为邻居家做检查，尤其是那些年纪大的或是残疾的。

（5）远离相线触地的电线。

（6）注意收听当地广播或收看电视，了解哪里有救灾援助。

附录一　安全社区简介

一、安全社区概述

1975年，安全社区的雏形诞生于瑞典，该社区成员首先意识到伤害是公众安全健康的主要问题，要解决这一问题，必须依靠社区各部门及志愿团体的合作。该社区制订了有针对性的伤害预防计划，包括宣传、教育、资讯、监管及环境改善等。该计划实施后即见成效。该社区内交通伤害减少28%；家居伤害减少27%；工伤事故减少28%；学龄前儿童伤害减少45%。而相邻的未实施伤害预防计划的社区伤害现象没有明显减少。

1989年，第一届世界事故与伤害预防大会上首次正式提出安全社区一词。大会通过的《安全社区宣言》指出：任何人都平等享有健康和安全的权利。为了推广安全社区的理念，世界卫生组织提出了安全社区的标准：

（1）有一个负责安全促进的跨部门合作的组织机构；

（2）有长期、持续、能覆盖不同性别、年龄的人员和具有各种环境及状况的伤害预防计划；

（3）有针对高风险人员、高风险环境，以及提高脆弱群体的安全水平的伤害预防项目；

（4）有记录伤害发生的频率及其原因的制度；

（5）有安全促进项目、工作过程、变化效果的评价方法；

（6）积极参与本地及国际安全社区网络的有关活动。

安全社区并非单以一个社区的安全水平高低作为衡量标准，而是取决于该社区是否有一个实现了资源整合的、跨部门合作的组织机构、逐步建立和完善了有效的运行机制和工作模式，持续改进地促进社区居民的安全与健康，全员参与、全员受益，实现社区安全与健康目标。安全社区具有广泛的包容性，涉及人们生活、工作乃至环境各个方面，涵盖了交通、工作场所、公共场所、涉水、学校、老年人、儿童、家居、体育运动等诸多领域。

二、全国安全社区理念及标准

2002年我国大陆地区引进安全社区理念，3月份国家安监总局在上海召开全国安全社区研讨会，确定由中国职业安全健康协会负责安全社区建设的推广、推进、联络、推荐、技术支持，并成立"全国安全社区促进中心"。2004年协会组织北京、上海等城市一些地方领导和一些企业负责人结合国情就如何开展全国安全社区建设进行调研、讨论，确定了试点单位，策划方案、宣传发动，启动了全国安全社区的建设工作。2005年我国的安全社区建设纳入《安全生产"十一五"发展规划》和《安全文化建设纲要》，确定"十一五"期间我国大陆建成500个"全国安全社区"，有条件的省会城市和重点城市不少于10个的目标。2006年国家安监总局颁布《安全社区建设基本要求》（AQ/T 9001—2006），我国的"全国安全社区"建设开始统一规范推进。

根据《安全社区建设基本要求》，安全社区是指建立跨部门合作的组织机构，并联络社区内相关单位和相关人员共同参与事故与伤害预防、控制和安全促进工作，持续改进地实现安全目标的社区。其核心理念是"资源整合、全员参与、持续改进"。安全社区包含12条基本要素，分别是安全社区创建机构与职责、信息交流和全员参与、事故与伤害风险辨识及其评价、事故与伤害预防目标及计划、安全促进项目、宣传教育与培训、应急预案和响应、监测与监督、事故与伤害记录、安全社区创建档案、预防与纠正措施、评审与持续改进。《安全社区建设基本要求》（AQ/T 9001—2006）见附录二。

三、北京市东直门街道安全社区案例及经验

如何利用"安全社区"这一载体,充分盘活社区资源,发挥治安、消防、交通、工商、医疗卫生、居委会等机构团体的作用,形成各方齐抓共管的强大合力,最终形成有效覆盖社区的"安全防护网"。本部分通过"北京市东城区东直门街道安全社区"案例,充分介绍街道在安全社区创建过程中的全部历程和可借鉴的成功经验。

东直门街道,是东城区唯一一个全部辖区纳入在二环交通商务区的街道,总面积2.2平方千里。辖区常住人口数万人,并且商业资源多样化,中央单位、市属单位、注册企业(包括外企)近2000家。2005年5月东直门街道启动安全社区创建。2006年3月东直门街道被确定为北京市安全社区创建试点单位之一,2008年通过全国安全社区评定组的评定,并与2009年获得"国际安全社区"称号。

东直门街道安全社区建设中的主要经验如下。

1. 搭建"三个层次"的组织机构

2006年,东直门街道办事处根据实际情况,充分整合社区资源,成立了"安全社区"建设工作协调小组,设"安全社区"建设协调工作小组办公室,下设安全社区推进组、治安防控组、交通安全组、工作场所安全组、涉水安全组、学校安全组、老年人安全组、儿童安全组、居家安全组、体育运动安全组和监测监督组,组织机构框架科学合理,形成了领导层、推进层、落实层三个层次,有条不紊地推进安全社区创建工作逐步开展。

2. 信息交流注重方法

(1)走出去——参观学习　街道办事处积极参与安全社区网络交流活动,派专人参加安全社区集训班和外出学习交流,培养了一批专业骨干队伍。与北京市朝阳区麦子店街道签订了友好街道,多次到朝阳区麦子店街道、望京街道、山东省济南青年公园街道等单位学习交流,取长补短,不断积累安全社区创建经验。

（2）请进来——专家辅导 安全社区创建伊始，街道便聘请中国职业安全健康协会和北京城市系统工程研究中心的专家对街道各方面的工作进行指导，深入贯彻安全社区创建理念，有机融合社区日常工作。

（3）抓培训——举办讲座 请专家对东直门街道和14个社区的安全社区创建人员进行了安全社区知识讲座培训，并制作了多媒体教学片下发有关单位进行学习；依托社区卫生服务中心和市民学校，有针对性开展形式多样的安全教育培训，覆盖辖区内的居民、学生、老师、流动人员和企事业单位职工等各类人群。

3. 夯实安全社区创建基础

（1）危险源辨识 街道建立了危险源辨识与隐患排查制度，在东城区安全管理有关部门的指导下，对危险源实施万米单元网格化管理和动态监测，坚持每季度开展联合检查，城管分队运用"城管通"软件进行实时巡查，通过危险源辨识与隐患排查，尤其是针对高风险环境、高危人群和脆弱群体，及时反馈和更新，为安全社区创建工作提供依据。

（2）基线调查 根据创建的需要，开展社区居民安全状况摸底和调查。创建之初，聘请专家专项培训辅导，现场调研，辖区内14个社区和重点企事业单位和学校危险源；采取入户走访，了解各年龄段、各性别的居民安全状况和安全诉求。随着安全社区创建工作的深入，2007年开展了社区居民安全状况和安全意识问卷调查。成立了问卷调查组，集中培训调查员，并对问卷的调查工作进行全程质量监控。调查分析结果指导了安全创建深入开展。

（3）档案创建 制定《东直门街道安全社区档案管理办法》，配备专职人员负责资料的管理和文书立卷工作，并抓好了14个社区档案资料的规范化，形成了三级档案管理。街道级档案、社区级档案、工作组档案。

4. 伤害监测形成"三位一网"

在区委区政府的支持下，由东城区卫生局牵头，组建东直门街道社区居民伤害监测网络，网络成员包括东城区疾病预防控制中心、东外医院和5个卫生服务站，以及14个社区。形成有效一体化监控网络。为了便于收集伤害数据和分析工作，街道聘请专业部门编制了"东直门街道安全社区伤害监测信息系统"，在各监测哨点进行安装使用，大大提高了伤害监测预防的质量和效果。

5. 策划并推广优秀的安全促进项目

（1）社会治安——"三位一体" 电子监控设备实时工作。街道投入100万元，建立监控室，为14个社区安装更新摄像头118个，完成了对胡家园、清水苑社区视频监控探头升级改造，实现地区24小时安全监控。

楼宇对讲域覆盖。筹措资金250万元，对地区481个楼门（院）实施楼宇对讲改造工程，实现门禁设施的100%全面覆盖。

"城管通"精确查找。实行网格化管理，整个北京市东城区东直门街道划分为14个网状单元，城市管理监督员利用"城管通"软件，对分管单元全时段监控管理，发现问题，精确定位，及上报，形成文、图、表，跟踪管理落实，及时发现社区危险源，迅速解决，使安全管理变被动为主动，变事后问责为预警性监管，较好解决了东直门地区安全问题。

正是由于社区电子监控、楼宇对讲、"城管通"，"三位一体"科技手段运用，大大加强了技术安全防范能力，有效降低了社会治安案件的发案率。

（2）老年人安全——"三个服务" 成立老年人谈心室。开展专家咨询辅导和志愿者服务。

建立社区老年饭桌。2007年8月1日正式运行，为社区的老年人开展了中午就餐的服务，解决了社区老年人就餐难的问题。

启动健身康复中心。2008年5月，街道在胡家园社区成立了健身康复中心。有效整合资源，聘请积水潭医院等医疗机构退休专家，为居民提供专业健康医疗等方面辅导服务。设立专家医务工作室、辅导谈心室、文体工作室等，申请购配了必备的健身康复仪器、设备、器械，建立健全工作制度，为整个辖区居民服务。

（3）居家安全——"三个培训" 应急能力培训。围绕煤气使用、灭火扑救、老年人突发疾病急救、食物中毒等，开展了家庭灭火、煤气中毒急救、健康急救各种培训、示范演练和紧急疏散等，提高了群众自救、逃生和应急处置能力。

危险源排查培训。以居住区或楼门为单位，进行家居安全互查互助，消除燃气、用电等不安全因素。民警每周对居住区地下室进行检查，杜绝煤气和明火的使用，对地下室的输电线路进行规范和改造，配备了灭火器材、应急灯、安全出口标志等设施。

健康知识培训。社区卫生服务站定期召开健康知识讲座，邀请专家为居民讲解有关疾病预防、保健等方面知识。成立了高血压俱乐部，为患有高血压的患者定期介绍有关高血压如何控制等方面的常识。

（4）体育运动安全——"三个开展" 开展年度体能测试活动。启动了社区居民体能测试项目，每年一次对特定人群进行跟踪体能测试（积累数据记录），并对记录进行评估，根据结果，开展体育健身项目，大大提高了居民自身抵御伤害的能力。

开展体育器材进社区、进家庭活动。为东直门街道内14处使用年限到期的场地，更换了健身器材。根据居民的健身需求，配备器材维护指导人员，加强对器材的维护和居民健身的指导。在社区健身器材旁统一制作了警示牌，有社区还制作了球网、防护网。实行体育器材进家庭项目，实行街道补贴方式，满足了居民对便捷体育健身的需求。

开展老年人平衡训练。针对老年人平衡性能差，易发生跌倒伤害，组织辖区老年人开展太极拳、舞扇等有益平衡的训练。

6. 宣传与时俱进"三种形式"

（1）创办《家园》报。开辟了安全社区专栏，每期刊登安全社区相关知识。并结合实际，运用通版、有奖问答等形式，对居民普及安全知识，提高安全意识。《家园》已成为安全社区宣传阵地，大大提高了"安全社区"知识在居民中的知晓率。

（2）成立"快乐时光"俱乐部。街道整合地区文化体育资源，增进了各社区间的交流，为居民提供了一个稳定且融洽的文化生活和全民健身运动的平台，提高了社区文化与体育水平。

（3）创建社区博客群。辖区内14个社区信息通过各自的博客相互沟通，形成一个覆盖全地区的博客群网络。在博客群内，设立安全社区板块，将各自好的做法公示，促进了地区安全社区的交流发展。

7. 社区创建打造"三个品牌"

（1）绿色安全社区——清水苑社区　针对废旧电池、过期药品等潜在的危险源，设立回收箱，将社区居民家中的这两类危险源集中收集处理，较好地保证居民人身安全，避免由此造成的伤害。2007年被评为国家级绿色社区。

（2）体育安全社区——胡家园社区　2007年7月开始创建以来，在硬件建设上加强配备体育健身器材的力度。软件上加强了志愿者体育教练队伍建设，目前各类辅导老师12人，对居民健身进行安全指导。在运动场地安装中英文的运动须知及警示牌。

（3）科普安全社区——东环社区　社区坚持以人为本，以群众的需求为出发点，运用科普展板、楼门文化、社区科普报纸为载体，以每年的科技周、科普之夏、学术月等大型活动为手段，依托科普，宣传安全知识。倡导科学、健康、安全生活的良好社会氛围，教给居民安全理念和健康的生活方式。

8. 志愿者建设"三支队伍"

（1）星星之火志愿者协会。成立380名志愿者服务队，注册会员的登记颁发证书，统一制式服装。协会分为敬老关爱团、彩虹手牵手、学子大课堂等九项服务，将提供指路、敬老、助残、扶学、法律援助等多种形式志愿者报务。着眼于志愿服务体系的建设，以此带动地区和谐社区、安全社区的创建。

（2）义务劝导队。成立400名治安巡逻与环境秩序劝导队，维护地区治安和城市环境秩序。

（3）奥运安全志愿者。建立了500名奥运和安全社区志愿者队伍构成网络图及治安巡逻志愿者队伍、党员志愿者队伍。

附录二　安全社区建设基本要求（AQ/T 9001—2006）

（国家安全生产监督管理总局，2006年5月1日实施）

本标准的制定依据中国社区特点、安全社区和安全文化建设要求提出，参考了"平安社区"、"绿色社区"、"文明社区"等社区建设的有关要求和我国安全生产相关标准。

本标准的制定参考了世界卫生组织社区安全促进合作中心的安全社区准则的技术内容、国际劳工组织ILO/OSH2001《职业安全健康管理体系　导则》和GB/T28001—2001《职业健康安全管理体系　规范》中相关条款内容的要求。

本标准未规定具体的社区安全绩效指标，其目的在于强调持续改进理念，使本标准具有广泛适用性。

1. 范围

本标准规定了安全社区建设的基本要求，旨在帮助社区规范事故与伤害预防和安全促进工作，持续改进安全绩效。

本标准适用于通过安全社区建设，最大限度地预防和降低伤害事故，改善社区安全状况，提高社区人员安全意识和安全保障水平的社区。

本标准供从事安全管理、事故与伤害预防和社区工作的人员使用。

2. 规范性引用文件

下列文件中的条款通过本标准的引用而成为本标准的条款。凡是注日期的引用文件，其随后所有的修改单（不包括勘误的内容）或修订版均不适用于本标准，然而，鼓励根据本标准达成协议的各方研究是否可使用这些文件的最新版本。凡是不注日期的引用文件，其最新版本适用于本标准。

2.1 ILO/OSH2001：职业安全健康管理体系 导则，国际劳工组织；

2.2 世界卫生组织2002：安全社区准则；

2.3 GB/T28001—2001：职业健康安全管理体系 规范。

3. 术语

3.1 安全 safety

免除了不可接受的事故与伤害风险的状态。

3.2 社区 community

聚居在一定地域范围内的人们所组成的社会生活共同体。

3.3 安全社区 safe community

建立了跨部门合作的组织机构和程序，联络社区内相关单位和个人共同参与事故与伤害预防和安全促进工作，持续改进地实现安全目标的社区。

3.4 安全促进 safe promotion

为了达到和保持理想的安全水平，通过策划、组织和活动向人群提供必需的保障条件的过程。

3.5 伤害 injury

人体急性暴露于某种能量下，其量或速率超过身体的耐受水平而造成的身体损伤。

3.6 事故 accident

造成人员死亡、伤害、疾病、财产损失或其他损失的意外事件。

3.7 事件 incident

导致或可能导致事故与伤害的情况。

3.8 危险源 hazard

可能造成人员死亡、伤害、疾病、财产损失或其他损失的根源或状态。

3.9　事故隐患 accident potential

可导致事故与伤害发生的人的不安全行为、物的不安全状态、不良环境及管理上的缺陷。

3.10　风险 risk

特定危害性事件发生的可能性与后果的结合。

3.11　风险评价 risk assessment

评价风险程度并确定其是否在可接受范围的全过程。

3.12　绩效 performance

基于安全目标，与社区事故与伤害风险控制相关活动的可测量结果。

3.13　目标 objectives

社区在安全绩效方面要达到的目的。

3.14　不符合 non-conformance

任何与工作标准、惯例、程序、法规、绩效等的偏离，其结果能够直接或间接导致事故、伤害或疾病，财产损失、工作环境破坏或这些情况的组合。

3.15　持续改进 continual improvement

为了改进安全总体绩效，社区持续不断地加强事故与伤害预防工作的过程。

4.　安全社区基本要素

4.1　安全社区创建机构与职责

建立跨部门合作的组织机构，整合社区内各方面资源，共同开展社区安全促进工作，确保安全社区建设的有效实施和运行。

安全社区创建机构的主要职责包括：

a）组织开展事故与伤害风险辨识及其评价工作；

b）组织制定体现社区特点的、切实可行的安全目标和计划；

c）组织落实各类安全促进项目的实施；

d）整合社区内各类资源，实现全员参与、全员受益，并确保能够顺利开展事故与伤害预防和安全促进工作；

e）组织评审社区安全绩效；

f）为持续推动安全社区建设提供组织保障和必要的人、财、物、技术等资源保障。

4.2　信息交流和全员参与

社区应建立事故和伤害预防的信息交流机制和全员参与机制。

a）建立社区内各职能部门、各单位和组织间的有效协商机制和合作伙伴关系；

b）建立社区内信息交流与信息反馈渠道，及时处理、反馈公众的意见、建议和需求信息，确保事故和伤害预防信息的有效沟通；

c）建立群众组织和志愿者组织并充分发挥其作用，提高全员参与率；

d）积极组织参与国内外安全社区网络活动和安全社区建设经验交流活动。

4.3　事故与伤害风险辨识及其评价

建立并保持事故与伤害风险辨识及其评价制度，开展危险源辨识、事故与伤害隐患排查等工作，为制订安全目标和计划提供依据。

事故与伤害风险辨识及其评价内容应包括：

a）适用的安全健康法律、法规、标准和其他要求及执行情况；

b）事故与伤害数据分析；

c）各类场所、环境、设施和活动中存在的危险源及其风险程度；

d）各类人员的安全需求；

e）社区安全状况及发展趋势分析；

　　f）危险源控制措施及事故与伤害预防措施的有效性。

　　事故与伤害风险辨识及其评价的结果是安全社区创建工作的基础，应定期或根据情况变化及时进行评审和更新。

4.4　事故与伤害预防目标及计划

　　根据社区实际情况和事故与伤害风险辨识及其评价的结果制定安全目标，包括不同层次、不同项目的工作目标以及事故与伤害控制目标，并根据目标要求制订事故与伤害预防计划。计划应：

　　a）覆盖不同的性别、年龄、职业和环境状况；

　　b）针对社区内高危人群、高风险环境或公众关注的安全问题；

　　c）能够长期、持续、有效地实施。

4.5　安全促进项目

　　为了实现事故与伤害预防目标及计划，社区应组织实施多种形式的安全促进项目。

4.5.1　安全促进项目的重点应针对高危人群、高风险环境和弱势群体，并考虑下列内容：

　　a）交通安全；

　　b）消防安全；

　　c）工作场所安全；

　　d）家居安全；

　　e）老年人安全；

　　f）儿童安全；

　　g）学校安全；

　　h）公共场所安全；

　　i）体育运动安全；

　　j）涉水安全；

　　k）社会治安；

1）防灾减灾与环境安全。

4.5.2 安全促进项目的实施方案内容应包括：

a）实施该项目的目的、对象、形式及方法；

b）相关部门和人员的职责；

c）项目所需资源的配置和实施的时间进度表；

d）项目实施的预期效果与验证方法及标准。

4.6 宣传教育与培训

社区应有安全教育培训设施，经常开展宣传教育与培训活动，营造安全文化氛围。宣传教育与培训活动应针对不同层次人群的安全意识与能力要求制定相应的方案，以提高社区人员安全意识和防范事故与伤害的能力。

宣传教育与培训方案应：

a）与事故和伤害预防的目标及计划内容一致；

b）充分利用社会和社区资源；

c）立足全员宣传和培训，突出对事故与伤害预防知识的培训和对重点人群的专门培训；

d）考虑不同层次人群的职责、能力、文化程度以及安全需求；

e）采取适宜的方式，并规定预期效果及检验方法。

4.7 应急预案和响应

对可能发生的重大事故和紧急事件，制定相应的应急预案和程序，落实预防措施和具体应急响应措施，确保应急预案的培训与演练，减少或消除事故、伤害、财产损失和环境破坏，在发生紧急情况时能做到：

a）及时启动相应的应急预案，保障涉险人员安全；

b）快速、有序、高效地实施应急响应措施；

c）组织现场及周围相关人员疏散；

d）组织现场急救和医疗救援。

4.8 监测与监督

制定不同层次和不同形式的安全监测与监督方法，监测事故与伤害预防目标及计划的实现情况。建立社区内政府和相关部门的行政监督，企事业单位、群众组织和居民的公众监督以及媒体监督机制，形成共建社区和共管社区的氛围。

安全监测与监督内容应包括：

a）事故与伤害预防目标的实现情况；

b）安全促进计划与项目的实施效果；

c）重点场所、设备与设施安全管理状况；

d）高危人群与高风险环境的管理情况；

e）相关安全健康法律、法规、标准的符合情况；

f）社区人员安全意识与安全文化素质的提高情况；

g）工作、居住和活动环境中危险有害因素的监测；

h）全员参与度及其效果；

i）事故、伤害、事件及不符合的调查。

监测与监督结果应形成文件。

4.9 事故与伤害记录

建立事故与伤害记录制度，明确事故与伤害信息收集渠道，为实现持续改进提供依据。事故与伤害记录应能提供以下信息：

a）事故与伤害发生的基本情况；

b）伤害方式及部位；

c）伤害发生的原因；

d）伤害类别、严重程度等；

e）受伤害患者的医疗结果；

f）受伤害患者的医疗费用等。

记录应实事求是，具有可追溯性。

4.10 安全社区创建档案

建立规范、齐全的安全社区创建档案；将创建过程的信息予以保持，包括：

a）组织机构、目标、计划等相关文件；

b）相关管理部门的职责，关键岗位的职责；

c）社区重点控制的危险源，高危人群、高风险环境和弱势群体的信息；

d）安全促进项目方案；

e）安全管理制度、安全作业指导书和其他文件；

f）安全社区创建活动的过程记录。包括：创建活动的过程、效果记录；安全检查和监测与监督的记录等。

安全社区创建档案的形式包括文字（书面或电子文档）、图片和音像资料等。

社区应制定安全社区创建档案的管理办法，明确使用、发放、保存和处置要求。

4.11 预防与纠正措施

针对安全监测与监督、事故、伤害、事件及不符合的调查，制定预防与纠正措施并予以实施。对预防与纠正措施的落实情况应予以跟踪，确保：

a）不符合项已经得到纠正；

b）已消除了产生不符合项的原因；

c）纠正措施的效果已达到计划要求；

d）所采取的预防措施能防止同类不符合的产生。

社区内部条件的变化（如场所、设施及设备变化、人群结构变化等）和外部条件的变化（如法律法规要求的变化、技术更新等）

对社区安全的影响应及时进行评价，并采取适当的纠正与预防措施。

4.12　评审与持续改进

社区应制定安全促进项目、工作过程和安全绩效评审方法，并定期进行评审，为持续不断地开展安全社区建设提供依据。

评审内容应包括：

a）安全目标和计划；

b）安全促进项目及其实施过程；

c）安全社区建设效果；

d）确定应持续进行或应调整的计划和项目；

e）为新一轮安全促进计划和项目提供信息。

社区应持续改进安全绩效，不断消除、降低和控制各类事故与伤害风险，促进社区内所有人员安全保障水平的提高。

参考文献

［1］彼得泰勒·顾柏，张秀兰. 社会风险治理经典译丛. 北京：中国劳动社会保障出版社，2010.

［2］世界卫生组织. 社区应急准备：管理及政策制定者手册. 北京：人民军医出版社，2002.

［3］国家减灾委员会办公室. 初中生安全教育知识读本. 北京：中国社会出版社，2007.

［4］方伟华，李宁. 中小学生防灾减灾读本. 北京：北京师范大学出版社，2010.

［5］宋岳涛. 北京老年医院老年跌倒及预防保健. 北京：中国协和医科大学出版社，2012.

［6］国家减灾委员会，中华人民共和国民政部. 全民防灾应急手册. 北京：科学出版社，2009.

［7］北京晚报编委会. 遇险自救必读. 北京：北京出版社，2003.

［8］师婕. 消防常识ABC. 中国减灾，2006，12：24-25.

［9］席淑华，马静，卢根娣. 知信行理论干预社区高龄独居老人意外伤害的效果，上海护理，2010，10（3）：47-49.

［10］中国职业安全健康协会. 中华人民共和国安全生产行业标准：安全社区建设基本要求［S/OL］. 国家安全生产监督管理总局，2009-05-14［2016-02-12］. http://www.cosha.org.cn/103275/103368/103802/134395.html.

［11］安全社区建设基本要求. AQ/T 9001-2006.